ZAI N

行，修的不是苦难，

轩颢◎编著

闹市中修行

中国华侨出版社

图书在版编目（CIP）数据

在闹市中修行/释颢编著 . —北京：中国华侨出版社，
2011.5（2014.8 修订版）

ISBN 978 - 7 - 5113 - 1354 - 6

Ⅰ.①在…　Ⅱ.①释…　Ⅲ.①佛教 - 人生哲学 - 通俗读物
Ⅳ.①B948 - 49

中国版本图书馆 CIP 数据核字（2011）第 064013 号

● 在闹市中修行

编　　著/释　颢
责任编辑/李　晨
封面设计/纸衣裳书装
经　　销/新华书店
开　　本/710 毫米×1000 毫米　1/16　印张/16　字数/220 千字
印　　刷/北京一鑫印务有限责任公司
版　　次/2011 年 5 月第 1 版　2019 年 8 月第 3 次印刷
书　　号/ISBN 978 - 7 - 5113 - 1354 - 6
定　　价/32.80 元

中国华侨出版社　　北京朝阳区静安里 26 号通成达大厦 3 层　　邮编 100028
法律顾问：陈鹰律师事务所
编辑部：（010）64443056　　64443979
发行部：（010）64443051　　传真：64439708
网　　址：www.oveaschin.com
e - mail：oveaschin@ sina.com

前　言

天道苍苍，人道茫茫，人生就是一种修行，修的不是苦难，而是一种心态。

曾听过这样一则佛家故事：

小和尚刚进庙门，对禅理不甚了解。秋风起，寺院内枫叶翻飞，小和尚问师父："枫叶如此美丽，为什么会掉落呢？"师父浅笑："秋一过，冬即来临，枫树无法供给那么多树叶，唯有舍。这不是'放弃'，是'放下'！"

冬季，寒风刺骨，滴水成冰，小和尚见师兄将寺中水缸扣过来，将水放掉，又跑去问师父："干干净净的水，为何要倒掉呢？"师父笑道："冬天太冷，水结冰以后膨胀，会把缸撑破，所以要将它倒掉。这不是'真空'，是'放空'！"

一场鹅毛大雪落下，将几盆龙柏压弯，师父吩咐徒弟们将土盆放倒。小和尚又不解："龙柏本应立着生长，为何要放倒呢？"师父脸色一凛："你看不到雪已经将柏叶压塌了吗？再压就会断！这样做是为了保护它，等雪过后再扶起，这不是'放倒'，是'放平'！"

寒冬腊月，来上香者乏陈可数，香火钱少了很多，小和尚忐忑不安，跑去问师父如何是好。师父面带愠色："看一看，壁橱里还有多少衣服，柴房里还有多少木头，地窖里还有多少白菜！不要只看没有的，要看看还有的，苦尽自然甘来，你要学会放心，'放心'不是'不用心'，是把心安顿好。"

春暖花开，姹紫嫣红，香火更胜往年。师父准备外出远游，小和尚

追出山门："师父，您这一走，留下我们该怎么办？"师父笑着挥手："你们能够放下、放空、放平、放心，我又有什么不能放手的呢？"

这位禅师的话可谓充满玄机。所谓的放下，并不意味着放弃，而是要世人脱离负累、轻装简行，以便走得更远；所谓放空，即是虚怀若谷，是要警醒世人不要过度膨胀，不知所以；所谓放平、放心，则是希望世人在遭遇挫折、面对抉择时，稳定心态，休养生息，以图后进，积极谋求发展。事实上，能够做到这几点的人必然是不凡之人，也必然会过得轻松自在，坦然从容。

然而，这世间能够开悟的人毕竟不多，因为我们这一生要面对很多波折、很多诱惑、很多抉择。一个抉择，或许可以成就我们的一生，令我们超然脱俗、常存安乐；又或许会将我们打入地狱，就此万劫不复。此时，人生的修行就显得颇为重要了。

"看穿"是修行的前提与要义，而修行则是为了更好地充实和净化自己，意味着使自己成为能够在人间如意行走而不被任何现象困惑的个体。这就是我们所追求的人生至高境界吧？

"修行"意味着一种不为物累的超脱，若能看穿得失，我们的人生便可泰然自若；若能看穿顺逆，我们的人生便可宠辱不惊；若能看穿名利，我们的人生即可超尘脱俗；若能看穿苦乐善恶、爱恨情仇，则我们的修行便已臻化境。

那么，还等什么呢？……

目　录

第一篇　静以修身，俭以养德
——非淡泊无以明志，非宁静无以致远

　　静，是修身养性的重要原则，静如止水才能排除私心杂念，无欲无求，心平气和。水中月、镜中花不足为依，虚幻的东西不应以为动。情欲、物欲到头来终是一场空，故心境宜静，意念宜修，心地常空，不为欲动，淡泊以明志，宁静以致远。这时的心便如一尘不染的明镜，无邪念袭来，映人之本性。

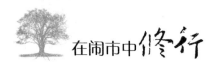
在闹市中修行

第二篇　笑看得失，泰然自若

——笑看庭前花开落，漫随天外云卷舒

人生无处不是选择，既然无法拥有一切，那就会有取有舍；若要贪全，恐怕最后只能是一无所得。

懂得放下就懂得生活，懂得生活必定主宰人生，走向成功。人生就如放飞气球，舍得才知其自由，放下才感其奔放！

第三篇　顺逆欣戚，荣辱不惊

——千磨万击还坚劲，任尔东南西北风

荣辱不惊，是一种处世智慧，更是一门生活艺术。人生在世，生活中有褒有贬，有毁有誉，有荣有辱，这是人生的寻常际遇，不足为奇。古往今来无数事实证明，大凡事有所成、业有所就者无不具有"荣辱不惊"这种极宝贵的品格。荣也自然，辱也自在，一往无前，否极泰来。

第四篇　名利之下，几多腐骨
——世人贪痴重名利，我求平生刹那闲

　　一个人光溜溜地到这处世界来，最后光溜溜地离开这个世界而去，彻底想起来，名利都是身外物；只有尽一人的心力，使社会上的人多得他工作的裨益，是人生最愉快的事情。

第五篇　物锈则坏，人妒则败
——君子不因嫉毁人，智者不因妒自贬

　　其实，嫉妒的产生，本应能够促进良性竞争，从这个意义上说："嫉妒是一种很伟大的存在。"但是，因嫉妒而采取如此积极态度和行为的人实在太少，因嫉妒大量引发的是对立、仇视、攻击和破坏。古往今来，因嫉妒导致的悲剧不在少数。无怪乎巴尔扎克发出感叹："嫉妒潜伏在心底，如毒蛇潜伏在穴中。"

在闹市中修行

第六篇　仇扰心乱，恨令智昏　

——是非憎爱世偏多，相逢一笑泯恩仇

　　我们淡忘了仇恨，同时也是解放了自己，与其因为愤恨而耗尽自己一生的精力，时时记着那些伤害你的人和事，被回忆和仇恨所折磨，还不如淡忘它们，把自己的心灵从禁锢中解脱出来。但凡有这个念头在，你的人生势必会少为烦恼所牵绊，你的心灵自然会愉快、轻松许多。

第七篇　善迂不败，不争一时　

——忍可以支百勇，一静可以制百动

　　受得小气，才不至于受大气；忍得一时之气，免去百日之忧。吃得小亏，才不至于吃大亏。吃亏就是占便宜，占便宜就是吃亏，这是老庄退一步进三步的道理。你能把忍功夫做到多大，你将来的事业就能成就多大。事不三思终有悔，人能百忍自无忧。

第八篇　海纳百川，有容乃大

——大肚能容天下事，豁开心扉任从他

在这个世界上，你并非踽踽单行，虽然人们各自走着自己的生命之路，但是纷纷攘攘中难免会有碰撞。如果冤冤相报，非但抚平不了心中的创伤，而且只能将自己捆绑在无休止的争吵上。

第九篇　不谓分明，难得糊涂

——时似酒醉时似醒，平生常念糊涂经

人生本就是一场戏，看清了，也就释然了。郑板桥的那四个字"难得糊涂"包含着人生最清醒的智慧和禅机，只可惜有一部分人悟不透、做不到，所以，终日郁郁寡欢，忙碌不堪，事事要争个明白，处处要求个清楚，结果才发现因为太清醒了、太清楚了反倒失去了该有的快乐和幸福，留给自己的也就只剩下清醒之后的创痛。难得糊涂，糊涂难得。留一半清醒留一半醉，才能在平静之中体味这人生的酸、甜、苦、辣。

第十篇 藏锋守拙，长安之道

——甘闻众生笑我拙，人前轻不露峥嵘

老子说："鱼不能脱离深渊，这样才能受到保全，国家精良的先进武器不能随便展示给人们。"意在告诉世人，人只有在心中清楚而形似愚拙时才能养精蓄锐，一鸣惊人。古语又云："君子藏器于身，待机而动。"也就是说，我们要掌控好"藏"与"露"的尺度，待时机成熟之时，再厚积薄发，尽显锋芒。

第十一篇 情由缘生，家因爱恒

——莫为离合生愁苦，常怀柔忍家自宁

一段婚姻的破裂，对于女人而言是难以抹去的痛苦，对于男人而言则很可能是一种耻辱。如果你不能让曾经深爱的她（他）幸福地度过这一生，你无疑就是个失败者。其实保持婚姻的完整并不难，只要多一些宽容、多一些理解，用宽广的胸怀维持婚姻的美满。

第十二篇　从善如流，弃恶如遗

——莫视恶小即为之，莫以善小而不为

人之善恶不分轻重。一点善，只要做了，就能给人以温暖；一点恶，只要做了，也能给人以损害，而最重要的是对自己的道德品质的影响。所以，生活中的我们须谨言慎行。从一点一滴之间要求自己，做到与人为善。只有这样，我们才不至于在人生的沟沟坎坎中马失前蹄，断送我们本该美好的前途。

第十三篇　返璞归真，平淡是福

——纷扰每多催华发，平平淡淡才是真

真我本性常因外物污染而迷惑，进而丧失真我，于是红尘中纷扰迭出。屏除善恶得失的相对价值观念，超越绝对便可发现本性。人只有返璞归真，恢复真我本性，才能跳出轮回的苦海。

第十四篇　去苦存乐，悠然自得
——若无闲事心头挂，便是人间好时节

《王竹语读书笔记》中写道："忍耐痛苦比寻死更需要勇气。在绝望中多坚持一下下，终必带来喜悦。上帝不会给你不能承受的痛苦，所有的苦都可以忍。"是的，人只要能自得其乐，便可以苦中取乐，若懂得苦中取乐，则必然会苦尽甘来。

第一篇 静以修身，俭以养德
——非淡泊无以明志，非宁静无以致远

静，是修身养性的重要原则，静如止水才能排除私心杂念，无欲无求，心平气和。水中月、镜中花不足为依，虚幻的东西不应以为动。情欲、物欲到头来终是一场空，故心境宜静，意念宜修，心地常空，不为欲动，淡泊以明志，宁静以致远。这时的心便如一尘不染的明镜，无邪念袭来，映人之本性。

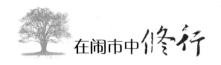
心静乾坤大，欲少智慧多

世间万物皆有心。天有天心，天心静，则万籁俱寂，幽然而静美；人有人心，人心静，则心若碧潭，静如清泉……须知，身静乃是末，心静才是本。

只要我们能够静下心来，便可以聆听到外界的很多声音，一如风过竹林的簌簌声、雨打芭蕉的滴答声、窗外鸟叫虫鸣的啾啾声……人的心，多在静时较为敏锐，由此，外面的境界亦历历可辨。倘若我们在静谧之中能够多用些心，智慧便会从中而生。

听过这样一则小故事：

某人在家中遗失了一块名贵手表，内心十分着急，遂请亲朋好友帮忙寻找。

于是，众人如"热锅上的蚂蚁"一般，但凡家中的瓶瓶罐罐、箱箱柜柜都翻了个遍，但依旧毫无所获。最后，众人都累得气喘吁吁，只好稍作休息。手表主人感到非常沮丧，这时一位年轻人自告奋勇，要独自再去寻找。

他要求众人在房外等候，独自走进了房间，却坐在床上一动不动。

众人感到非常诧异——他不是要找手表吗？怎么一直不见他有所行动？所以大家也都静静地看着这位年轻人，想知道他葫芦里究竟卖的是什么药。

过了片刻，年轻人突然起身钻入床下，出来时手中拎着一块手表。

大家又喜又惊，纷纷问他："你怎么会知道手表在床下呢？"

年轻人莞尔一笑："当心静下来时，就可以听到手表的嘀答声，自然便知道它在哪儿了。"

心静，是人生的一种境界，亦是一种智慧、一种思考，更是人生成功的必要成本。若想做到心静，就必须具备一种豁达自信的素质，具备一份恬然和难得的悟性。

印度著名诗人泰戈尔曾经说过："给鸟儿的翅膀缚上金子，它就再也不能直冲云霄了。"这纷纷扰扰的大千世界处处充斥着诱惑，一个不留神，就会在我们心中激起波澜，致使原本纯净、澄明、宁静的心灵泛起喧哗和浮躁，我们就会在人生的道路上迷失方向。正所谓"心宁则智生，智生则事成"，平心静气、心无杂念才是我们成功的关键所在。

某人祖辈以屠猪卖肉为生，至他时已传承三代，在30年的卖肉生涯中，他练就了"一刀准"的绝技。他在卖肉时，身旁虽放有一台电子秤，但却很少用到。有人买肉，只要说出斤两，他便笑眯眯地点点头，说声"好嘞！"手起刀落，再用刀尖轻轻一挑，猪肉在空中划过一道弧线，便稳稳地落在张开的塑料袋中，然后自信地说一声："保证分毫不差，少一两，赔一斤！"有人不信邪，将肉放在电子秤上一称，果然是分毫不差。

这一年，当地电视台举办"绝技"挑战大赛。于是便有人劝他："你那'一刀准'绝对称得上是绝技，如果你去参赛，捧个头奖准不成问题。"该人心动了，依言去报了名。

比赛那天，主持人宣布："现在请某师傅给我一刀切2斤7两肉，要一两不多，一两不少。如果切准了，那两万元奖金就属于您了！"该人闻言点了点头，小心翼翼地拿起切刀，但他左比量右比量，却迟迟不敢下手，额头上甚至还渗出了细细的汗珠。过了片刻，在主持人的一再催促之下，他咬紧牙，一刀切了下去。而后放在电子秤上一称——2斤8两半，整整多出1两半……

原本精湛无双的刀艺，为何会在这一刻失准呢？很明显，就是那两万元奖金扰乱了他的心神，从而使他无法发挥出自己真实的水平。

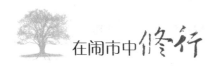

三国传奇人物诸葛亮在 54 岁时写下了《诫子书》，他在书中告诫自己 8 岁的儿子诸葛瞻："学须静也，才须学也。非学无以广才，非静无以成学。"在诸葛亮看来，心不静则必然理不清，理不清则必然事不明，人一旦心乱，就会失去理智，陷入迷茫。相反，人心若能进入"静"的境界，就会豁然开朗，人生便多了一些祥和，少了一些纷争；多了一些福事，少了一些灾祸。

我们做人，唯有高树理想与追求，淡看名利与享受，才能处身于浮华尘世而独守心灵的一方净土；才能坦对世间种种诱惑而心平如镜不泛一丝波澜。须知，唯有保持心的清静，我们才能书写一段精彩的人生。

心宽忘屋窄，野旷得天阔

宁静不是归于混沌，亦不是避世求隐，而是置身于喧嚣之中，你的心依然能够保持安宁……

心外世界如何并不重要，重要的是我们的内心世界。一个胸怀开阔的人，即便身居囹圄，亦可转境，将小小囚房视为三千大千世界；一个心胸狭隘、欲念横流的人，即便拥有整座大厦，亦不会感到称心如意。

一个囚犯的"丑事"大白于天下，定罪以后遂被关押在某地区监狱。他的牢房狭小、阴暗，住在里面很是受拘束。囚犯内心充满了愤慨与不平，他认为这间小囚牢简直就是人间炼狱。在这种环境中，囚犯所想的并不是如何认真改造，争取早日重新做人，而是每天都要怨天尤人，不停地叹息。

一天，牢房中飞进一只苍蝇，它"嗡嗡"地叫个不停，到处乱飞乱撞。囚犯原本就很糟糕的心情，被苍蝇搅得更加烦躁，他心想：我已经够烦了，你还来招惹我，真是气死人了，我一定要捉到你！他小心翼翼地捕捉，无奈苍蝇比他更机灵，每当快要被捉到时，它就会轻盈地飞走。苍蝇飞到东边，他就向东边一扑；苍蝇飞到西边，他又往西边一扑。捉了很久，依然无法捉到。最后，囚犯感慨地说道："原来我的小囚房不小啊，居然连一只苍蝇都捉不到。"

感慨之余，囚犯突然领悟到，人生在世无论称意与否，若能做到心静，则万事皆可释怀，若能做到心静，自己也绝不至于身陷囹圄。其实他早该明白——"心中有事世间小，心中无事天地宽"。

心中平静，内心自然凉快。我们在遭遇问题、困难、挫折时，若能放平心态，以一颗平常心去迎接生活中的所有问题，则世界就会变得无限宽广。

曾闻人言：心灵的困窘，是人生中最可怕的贫穷。一个人，倘若脱离外界的刺激依然能够活得快乐自得，那么，他就能够守住内心的安宁与安详。然而，我们多是普通人，每日穿梭于嘈杂人流之中、置身于喧嚣的环境之下，又有几人能够做到任心清静呢？于是，很多人需要寄托于外界的刺激来感受自己的存在；于是便见得一些人沉溺于声色犬马之中，久久不能自拔；于是又见得一些人自诩为"隐者"，远离人群以求得安宁。殊不知，故意离开人群便是执着于自我，刻意去追求宁静实际是骚动的根源，如此又怎能达到将自我与他人一同看待、将宁静与喧嚣一起忘却的境界呢？

求得内心的宁静在于心，环境在于其次，否则把自己放进真空罩子里不就真静无菌了吗？其实，这样的环境虽然宁静，假如不能忘却俗世事物，内心仍然是一团繁杂。何况既然使自己和人群隔离，同样表示你内心还存有自己、物我、动静的观念，自然也就无法获得真正的宁静和动静如一的主观思想，从而也就不能真正达到身心俱安宁的境界。

真正的心静之人，对于外界的嘈杂、喧嚣具有极强的免疫功能，他们耳朵根子听东西就像狂风吹过山谷造成巨响，过后却什么也没有

留下；他们内心的境界就像月光照映在水中，空空如也不着痕迹。如此一来，世间的一切恩恩怨怨、是是非非，便都宣告消失了，这才是真正的物我两相忘。

佛家所谓的"六根清净"，不单是指耳不听恶声，也包括心不想恶事，眼、耳、鼻、舌、身、意六者都要不留任何印象才行。而物我两忘是使物我相对关系不复存在，这时绝对境界就自然可以显现。可见想要提高人生境界就必须除去感官的诱惑，要做到"六根清净"，四大皆空。

当然，以现实状况来看，绝对的境界即人的感官不可能一点不受外物的感染，但要提高自身的修养，加强意志锻炼，控制住自己的种种欲望，排除私心杂念，建立高尚的情操境界却是完全可能的。

那么就让我们从今开始，由己及彼，从心着手，净化灵魂，则我们必会受益匪浅。

心中空明，人自清明

证得身形似鹤形，千株松下两函经。我来问道无余话，云在青天水在瓶！

"善知识，莫闻吾说空，便即著空。第一莫著空，若空心静坐，即著无记空。"针对《坛经》中的这"虚空"一说不少禅师都作过解释，从谂禅师便是其中一位。从谂禅师曾经作过一首名为《鱼鼓颂》的诗偈，其偈中就暗藏了对虚空的认识——

四大由来造化功，有声全贵里头空。

莫嫌不与凡夫说，只为宫商调不同。

这首《鱼鼓颂》是从谂禅师在回答众人提问后的即兴之作。偈中的"鱼鼓"是鱼形木鼓,寺院用以击之以诵经的法器。他的这首诗偈可以这样理解:一切事物都是由地、水、火、风"四大"物质和合而成,"鱼鼓"自然也不例外。只不过大自然对它情有独钟,"造化"更为精巧工致而已。"鱼鼓"有声,贵在内无。这个道理凡夫俗子是不明白的,因为他们观察事物和认识人生的方法与禅者有所差异,有如音律中的宫商不尽相同一般。

　　从谂禅师借此偈喻指参禅悟道也应与鱼鼓一样,全然在"空"字之中:心中空明,禅境顿生。

　　唐代太守李翱听说药山禅师的大名,就想见识一下他的庐山真面目。李翱四处寻访、跋山涉水终于在一棵松树下见到了药山禅师。

　　李翱恭恭敬敬地提出自己的问题,没想到药山禅师眼睛没有离开手中的经卷,对他总是不理不睬。位高权重的李翱怎么能够忍受这种怠慢,于是打算拂袖而去:"见面不如闻名。"这时药山禅师不紧不慢地开口了:"为什么你相信别人的传说而不相信自己的眼睛呢?"

　　李翱悚然回头,拜问:"请问什么是最根本的道理?"

　　药山禅师指一指天,再指一指地,然后问李翱:"明白了吗?"

　　李翱老实回答:"不明白。"

　　药山禅师提示他:"云在青天水在瓶。"

　　李翱恍然大悟,激动之下写道:"证得身形似鹤形,千株松下两函经。我来问道无余话,云在青天水在瓶!"

　　药山禅师实际上是提示李翱,只要保持像白云一样自如自在的境界,何处不能自由?何处不是解脱呢?然而,在这个日益繁杂的社会中,大多数人都显得焦躁不安、迷失了快乐。唯一可以改变这种状态的办法便是保持内心的空明,于静处细心体味生活的点滴,让生活还原本色。

　　老街上有一铁匠铺,铺里住着一位老铁匠。由于没人再需要他打制的铁器,现在他以卖拴狗的链子为生。

他的经营方式非常古老。人坐在门内，货物摆在门外，不吆喝，不还价，晚上也不收摊。无论什么时候从这儿经过，人们都会看到他在竹椅上躺着，微闭着眼，手里是一个半导体，旁边有一把紫砂壶。

他的生意也没有好坏之说。每天的收入正够他喝茶和吃饭。他老了，已不再需要多余的东西，因此他非常满足。

一天，一个古董商人从老街上经过，偶然间看到老铁匠身旁的那把紫砂壶，因为那把壶古朴雅致，紫黑如墨，有清代制壶名家风格。他走过去，顺手端起那把壶。

壶嘴内有一记印章，果然是名家所制。商人惊喜不已。古董商端着那把壶，想以 15 万元的价格买下它，当他说出这个数字时，老铁匠先是一惊后又拒绝了，因为这把壶是他爷爷留下的，他们祖孙三代打铁时都喝这把壶里的水。

壶虽没卖，但古董商出现的那天，老铁匠有生以来第一次失眠了。这把壶他用了近 60 年，并且一直以为是把普普通通的壶，现在竟有人要以 15 万元的价格买下它，他有点想不通。

过去他躺在椅子上喝水，都是闭着眼睛把壶放在小桌上，现在他总要坐起来再看一眼，这，让他非常不舒服。特别让他不能容忍的是，当人们知道他有一把价值连城的茶壶后，总是拥破门，有的问还有没有其他的宝贝，有的甚至开始向他借钱，更有甚者，晚上也推他的门。他的生活被彻底打乱了，他不知该怎样处置这把壶。当那位商人带着 30 万元现金第二次登门的时候，老铁匠再也坐不住了。他招来左右邻居，拿起一把锤头，当众把那把紫砂壶砸了个粉碎。现在，老铁匠还在卖拴小狗的链子，据说今年他已经 101 岁了。

老铁匠的内心随着茶壶的升值而波动不平起来了，生活中原本的宁静与安详被打破了，很显然这突如其来的"好运"并没有给老人带来快乐，相反老人的内心却承受着煎熬。在沉思之后，老人最终悟得了"虚空"的禅机。也是在老人举起锤头的一刹那，他找回了原本属于自己的那份安详与宁静。

　　不管你选择了什么为"道"，如果将其视为唯一重要之事而执着于此，就不是真正的"道"。唯有达到心中空无一物的境界，才是"悟道"。无论做什么，如果能以空明之心为之，一切都能轻而易举了。

丢下妄念，任心清净

　　你且静看那莲花初绽，出于淤泥，却依旧心净气洁，不染尘丝。你心比莲心，自是莲心更比人心净。

　　一位年轻人四处寻找解脱烦恼的秘诀。他见山脚下绿草丛中一个牧童在那里悠闲地吹着笛子，十分逍遥自在。

　　年轻人便上前询问："你那么快活，难道没有烦恼吗？"

　　牧童说："骑在牛背上，笛子一吹，什么烦恼也没有了。"

　　年轻人试了试，烦恼仍在。于是他只好继续寻找。

　　他来到一条小河边，见一老翁正专注地钓鱼，神情怡然，面带喜色，于是便上前问道："您能如此投入地钓鱼，难道心中没有什么烦恼吗？"

　　老翁笑着说："静下心来钓鱼，什么烦恼都忘记了。"

　　年轻人试了试，却总是放不下心中的烦恼，静不下心来。

　　于是他又往前走。他在山洞中遇见一位面带笑容的长者，便又向他讨教解脱烦恼的秘诀。

　　老年人笑着问道："有谁捆住你没有？"

　　年轻人答道："没有啊？"

　　老年人说："既然没人捆住你，又何谈解脱呢？"

　　年轻人想了想，恍然大悟，原来是被自己设置的心理牢笼束缚住了。

世上本无事，庸人自扰之。其实很多时候，烦恼都是自找的，要想从烦恼的牢笼中解脱，首先要做到"心无一物"，放下心中的一切杂念，不为外物的悲喜所侵扰，才能够抛却一切的烦恼，得到内心的安宁。

萧伯纳曾经说过："痛苦的秘诀在于有闲工夫担心自己是否幸福。"故事中的年轻人，四处寻找解脱烦恼的秘诀，却不知道这其实将带来更多的烦恼。许多烦恼和忧愁缘于外物，却是发自内心，如果心灵没有受到束缚，外界再多的侵扰都无法动摇你宁谧的心灵，反之，如果内心波澜起伏，汲汲于功利，汲汲于悲喜，那么即便是再安逸的环境，都无法洗脱你心灵上的尘埃。正所谓"菩提本无树，明镜亦非台，本来无一物，何处惹尘埃"，一切的杂念与烦扰，都是自动摇的心旌所激荡起的涟漪，只要带着牧童牛背吹笛、老翁临渊钓鱼的心绪，而不去自寻烦扰，那么，烦扰自当远离。

有一位虔诚的佛教徒，每天都从自家的花园里，采撷鲜花到寺院供佛。

一天，当她正送花到佛殿时，碰巧遇到无德禅师从法堂出来，无德禅师非常欣喜地说道："你每天都这么虔诚地以鲜花供佛，来世当得庄严相貌的福报。"

佛教徒非常欢喜地回答道："这是应该的，我每天来寺礼佛时，自觉心灵就像洗涤过似的清凉，但回到家中，心就烦乱了。我这样一个家庭主妇，如何在喧嚣的城市中保持一颗清净的心呢？"

无德禅师反问道："你以鲜花献佛，相信你对花草总有一些常识，我现在问你，你如何保持花朵的新鲜呢？"

佛教徒答道："保持花朵新鲜的方法，莫过于每天换水，并且在换水时把花梗剪去一截；因为花梗的一端在水里容易腐烂，腐烂之后，水分就不易吸收，花就容易凋谢！"

无德禅师道："保持一颗清净的心，其道理也是一样。我们生活的环境像瓶里的水，我们就是花，唯有不停地净化我们的身心，变化我们的气质，并且不断地忏悔、检讨，改进陋习、缺点，才能不断吸收到大自然的养分。"

佛教徒听后，欢喜地施礼，并且感激地说："谢谢禅师的开示，希望以后有机会过一段寺院中禅者的生活，享受晨钟暮鼓、菩提梵唱的宁静。"

无德禅师道："你的呼吸便是梵唱，脉搏跳动就是钟鼓，身体便是庙宇，两耳就是菩提，无处不是宁静，又何必等机会到寺院中生活呢？"

是啊，热闹场中亦可作道场；只要自己丢下妄缘，抛开杂念，哪里不可宁静呢？如果妄念不除，即使住在深山古寺，一样无法修行。

正如六祖慧能所说，不是风动、不是幡动，是人者心动。心才是无法宁静的本源。

有一位青年，因为受了一些挫折变得非常忧郁、消沉。有一次他去海边散步，碰巧遇到以前的一位朋友，这位先生正好是一位心理医生。

于是青年就向这位医生朋友诉说他在生活、社会及爱情中所遭受的种种烦恼，希望朋友能帮他解脱痛苦，斩断生命的烦恼。

安静沉默的医生朋友，似乎没听这位青年的诉说，因为他的眼睛总是眺望着远方的大海，等到青年停止了说话，他自言自语地说："这帆船遇到满帆的风，行走得好快呀！"

青年就转过头看海，看到一艘帆船正乘风破浪前进，但随即又转回去了。他以为医生朋友并没有听懂他的意思，于是就加重语气诉说自己的种种痛苦，生活中的烦恼、爱情的坎坷、社会的弊病、人类的前途等问题已经纠结得快要让他发狂了。

医生朋友好像在听，又好像不在听，依然眺望着海中的帆船，自言自语地说："你还是想想办法，停止那艘行进的帆船吧！"

说完，就转身离去了。

青年感到非常茫然，他的问题没有得到任何解答，只好回家了。过了几天，他主动去找那位医生朋友。一进门他就躺在地上，两脚竖起，用左脚脚趾扯开右腿的裤管，形状正像一艘满风的帆船。

医生朋友有点惊讶，接着就会心地笑了，随手打开阳台上的窗户，

望着远处的山对青年说："你能让那座山行走吗？"

青年没有答话，站起来在室内走了三四步，然后坐下来，向医生朋友道谢，说完就离开了；走时神采奕奕，好像对生活充满了希望，不见了当初的消沉、颓废。

医生朋友事实上并未回答青年的问题，青年自己找到了答案。医生朋友的话让青年明白了，解决生活乃至生命的苦恼，并不在苦恼的本身，而是要有一个开阔的心灵世界；人们只有止息心的纷扰，才不会被外在的苦恼所困扼，因此要解脱烦恼，就在于自我意念的清净，正如在满风时使帆船停止。

在生活中，我们每个人都像那被情感、家庭、社会所缠绕的青年一样，找不到安心的所在；唯有像佛祖一样讲觉悟，切实地在自己的身上下功夫，从内心的观照里，去改进自己的一言一行，才不至于觉得无休止的劳苦。

外在的纠葛、攫取太多，心就没有办法安宁，更无法净化；人对外在无限制地索取，常常是以支付心灵的尊严为代价的。我们应该抬起头来，看看屋外的松林，听听松涛的呼唤，眺望远处的大海以及满风的帆船，我们的心中就会有对生命新的转移与看待。

浮躁每多催智昏

捧一杯清茗，看，夜风舞柳轻；赏，幽兰静绽放；听，墙角虫儿鸣，自是浮躁了无踪……

这世间本不存在绝对的完美，在人生旅途中，有太多的未知因素影响着我们，这其中既有顺境亦有逆境。或许此时，我们风生水起、无往不利；或许彼时，我们步履艰难、如履薄冰。面对人生中的林林总总，倘若我们能够抱持"任凭风浪起，稳坐钓鱼船"的心态，将心置于安定之中，不随外物流转而变动，我们的生活就会潇洒许多。

从前有一位神射手，名叫后羿。他练就了百步穿杨的好本领，立射、跪射、骑射样样精通，而且箭箭都能正中靶心，从来没有失过手。人们争相传颂他高超的射技，对他敬佩有加。

夏王也对这位神射手的本领早就有所耳闻呢，很是希望看到他的表演。于是有一天，夏王将后羿召入宫中，要后羿单独给他一个人表演一番，以便尽情领略他那炉火纯青的射技。

夏王命人将后羿带到御花园，寻了一处开阔地，叫人拿来了一块一尺见方、靶心直径大约一寸的兽皮箭靶，并用手指着说："今天请你来，是想请你展示一下你那精湛的射箭本领，这个箭靶就是你的目标。为了使这次表演不至于因为没有竞争而沉闷乏味，我来给你定个赏罚规则：如果射中了，我就赏赐给你黄金万两；如果射不中，那就要削减你一千户的封地。现在请先生开始吧。"

后羿听了夏王的话，一言不发，面色变得凝重起来。他慢慢走到离箭靶一百步的地方，脚步显得相当沉重。然后，后羿取出一支箭搭上弓弦，摆好姿势拉开弓开始瞄准。

想到自己这一箭射出去可能发生的结果，一向镇定的后羿呼吸变得急促起来，拉弓的手也微微颤抖，拉弓数次都没有将箭射出去。最后，后羿终于下定决心松开了弦，箭应声而出，"啪"的一声钉在距离靶心足有几寸的地方。后羿脸色瞬间苍白起来，他再次弯弓搭箭，精神却更加难以集中，射出去的箭也就偏得更加离谱。

后羿收拾弓箭，勉强赔笑向夏王告辞，悻悻地离开了王宫。夏王在失望的同时掩饰不住心头的疑惑，于是问手下道："这个神箭手后羿平时射起箭来百发百中，为什么今天跟他定下了赏罚规则，他就大失水准了呢？"

手下解释说："后羿平日射箭，不过是一般练习，在一颗平常心之下，水平自然可以正常发挥。可是今天他射出的成绩直接关系到他

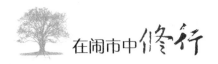

的切身利益，叫他怎能静下心来充分施展技艺呢？看来一个人只有真正把赏罚置之度外，才能成为当之无愧的神箭手啊！"

利益之下，人往往会患得患失，倘若过分计较自己的利益，则成功必然会与我们相距甚远。从后羿身上，我们应该认识到——人，无论在何种情况下，都要尽量保持平常心。

在现实生活中，我们常自以为如何、如何才是最好，但事与愿违的事情时有发生，往往令我们意不能平。其实，我们所拥有的，无论是顺境还是逆境，都是上天对于我们最好的安排。倘若能够认识到这一点，你便能在顺境中心存感恩，在逆境中依旧心存喜乐。

然而，在某些人的内心深处，总是有那么一股力量使他们茫然、令他们感到不安，让他们的心灵一直无法归于宁静，这种力量就是浮躁！浮躁不仅是人生的大敌，而且还是各种心理疾病的根源所在。

相传古时有兄弟二人，他们都很有孝心，每日上山砍柴换钱为老母亲治病。

一位神仙被他们的孝心所感动，决定帮助他们。于是神仙告诉二人说，用四月的小麦、八月的高粱、九月的稻、十月的豆、腊月的雪放在千年泥做成的大缸内，密封七七四十九天，待鸡叫三遍后取出，汁水可卖大价钱。

兄弟两人各按神仙教的办法做了一缸。待到四十九天鸡叫两遍时，老大耐不住性子打开缸，一看里面是又臭又酸的水，便生气地洒在地上。老二则坚持到了鸡叫三遍后才揭开缸盖，发现里边是又香又醇的酒。

"洒"与"酒"只差一横，只早了那么一小会儿，便造就了两种截然不同的命运。人生在世，必要时，我们需要在心中添上一把柴，以使希望之火燃得更加旺盛；有些时候，我们又要在心中加一块冰，让自己沸腾的心静下来，剔除那些不切实际的欲望。其实，只要我们能够真正静下心来，我们就一定会比现在好得多。

浮躁这种情绪，可以说是我们成功路上的最大绊脚石。人一旦浮躁起来，就会进入一种应激状态中，火气变大，神经越发紧张，久而久之便演化成一种固定性格，使人在任何环境下都无法平静下来，因而在无形中做出很多错误的判断，造成诸多难以弥补的损失。长此以往，便会形成一种恶性循环，终使我们被淹没于生活的急流之中。所以说，一个人若想在人生中有所建树，首先就要平心静气，其次便是要脚踏实地。

宁受一时之寂寞，毋取万古之凄凉

滚滚红尘中，谁能耐得住寂寞，淡看风花雪月事？达人当观物外之物，思身后之身。宁受一时之寂寞，毋取万古之凄凉！

一个能够坚守道德准则的人，也许会寂寞一时；一个依附权贵的人，却会有永远的孤独。心胸豁达宽广的人，考虑到死后的千古名誉，所以宁可坚守道德准则而忍受一时的寂寞，也绝不会因依附权贵而遭受万世的凄凉。

西汉扬雄世代以农桑为业，家产不过十金，"乏无儋石之储"，却能淡然处之。他口吃不能疾言，却好学深思，"博览无所不见"，尤好圣哲之书。扬雄不汲汲于富贵，不戚戚于贫贱，"不修廉隅以徼名当世"。

40多岁时，扬雄游学京师。大司马车骑将军王音"奇其文雅"，召为门下史。后来，扬雄被荐为侍诏，以奏《羽猎赋》合成帝旨意，除为郎，给事黄门，与王莽、刘歆并立。哀帝时，董贤受宠，攀附他的人有的做了二千石的大官。扬雄当时正在草拟《太玄》，淡泊自守，不趋炎附势。有人嘲笑他，"得遭明盛之世，处不讳之嘲"，竟然不能"画一奇，出一策"，以取悦于人主，反而著《太玄》，使自己位不过侍郎，"擢才给事黄门"，何必这样呢？扬雄闻言，著《解嘲》一文，

认为"位极者宗危，自守者身全"。表明自己甘心"知玄知默，守道之极；爱清爱静，游神之廷；惟寂惟寞，守德之宅"，绝不追逐势利。

王莽代汉后，刘歆为上公，不少谈说之士用符命来称颂王莽的功德，也因此授官封爵，扬雄不为禄位所动，依旧校书于天禄阁。王莽本以符命自立，即位后，他则要"绝其原以神前事"。可是甄丰的儿子甄寻、刘歆的儿子刘却不明就里，继续作符命以献。王莽大怒，诛杀了甄丰父子，将刘发配到边远地方，受牵连的人，一律收捕，无须奏请。刘曾向扬雄学作奇字，扬雄不知道他献符命之事。案发后，他担心不能幸免，身受凌辱，就从天禄阁上跳下，幸好未摔死。后以不知情，"有诏勿问"。

道德这个词看起来有点高不可攀，但仔细体味，却如吃饭穿衣，真切自然，它是人人应恪守的行为准则。在中国历史的发展过程中，人才辈出，却大浪淘沙，说到底，归于文格、人格之高低。真正有骨气的人，恪守道德，甘于清贫，尽管贫穷潦倒，寂寞一时，终受人赞颂。

不少现代人畏惧寂寞，其实，它可使浅薄的人浮躁，使空虚的人孤苦，也可使睿智的人深沉，使淡泊的人从容。

北宋文豪苏轼因"乌台诗案"被贬至黄州为团练副史4年后，写下一篇短文：

"元丰六年十月十二日，夜，解衣欲睡，月色入户，欣然起行。念无与为乐者，遂至承天寺，寻张怀民。怀民亦未寝，相与步于庭中，庭下如积水空明，水中藻荇交横，盖竹、柏影也。何夜无月？何处无竹柏？但少闲人如吾两者耳。"

透过寂寞，我们品出几分潇洒、几分自如。

古今中外，智者们往往独守这份寂寞，因为他们深知，最好的往往是最寂寞的，一个人要想成功，必须能够承受寂寞。

其实，寂寞是一种难得的感觉，在感到寂寞时轻轻地合上门和窗，隔去外面喧闹的世界，默默地坐在书桌前，用手掌温柔地拂去书本上的灰尘，翻开书页，嗅觉立刻又触到了久违的纸墨清香。

第二篇 笑看得失，泰然自若
——笑看庭前花开落，漫随天外云卷舒

　　人生无处不是选择，既然无法拥有一切，那就会有取有舍；若要贪全，恐怕最后只能是一无所得。

　　懂得放下就懂得生活，懂得生活必定主宰人生，走向成功。人生就如放飞气球，舍得才知其自由，放下才感其奔放！

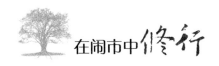

流水不腐，舍而后得

人执我所有，悭贪不能舍；纵以是生护，亦为无常夺。

舍，在佛家看来，就是对一切事物不起一点儿憎爱执着，并且能够不断地付出，不断地给予。

很久以前，城郊有一座葡萄园，果实甘甜，每到成熟季节，都会有很多人前来采摘，而每每此时，都会有一只鸟儿盘旋在葡萄园上方。如果有人伸手去摘葡萄，这只鸟就会大叫不停，仔细听那声音，似乎是"我所有……我所有!"因此，人们给它取了一个十分滑稽的名字——"吝啬鸟"。

这年，葡萄园大丰收，前来采摘的人比往年多了一倍。"吝啬鸟"叫得凄厉异常，但人们对此早已司空见惯，根本不去理会。最后，由于日复一日地啼叫，"吝啬鸟"累得咳血而亡。

据说数十年前，城中住着一位年轻人，他在父母过世以后继承了大笔财产。对他而言，钱财就是一切，他每天计算着自己的财产数量，甚至连城郊葡萄园的收成也计算在内，只盼望能够越多越好。

在他看来，多一个人就会多一份消耗，所以他一生没有娶妻生子。终老以后，由于他的财产无人继承，所以便全部没入了国库。

"吝啬鸟"的前世，就是这位年轻人。他虽已转世为鸟，但仍未改吝啬之习，仍想霸着葡萄园不放，乃致累得咳血而亡。

紧紧抓着不放，不肯与人分享丝毫，这样的人其实是贫穷的。既然你所拥有的，已经超过你所需要的，那么为何不能让更多真正需要的人"沾沾光"呢？若如此，你一定能够赢得人格上的富足。

佛家有云：人执我所有，悭贪不能舍；纵以是生护，亦为无常夺。

"我所有"就是我所有的房屋、眷属、家产，这些身外之物可以利用它来维持我们的生命；而修行人所需要的仅是菜饭饱、布衣暖足矣，如贪求无厌，吝惜不舍，一旦失落，难免会像"吝啬鸟"那样哀叫至死。

有这样一个故事：

有一天，佛主见路边地下埋有黄金，就对弟子说"下有毒蛇"。佛主走后，有个人不信，去挖土，挖出很多黄金来，一时暴富，被人告发。国王责怪他没有交公，就判了他的罪，所以佛主说黄金就是毒蛇。

佛主还说人所有财物为五家所有，哪五家呢？为水所漂，为火所烧，为贼所盗，为子所败，为官府所抄。其实婆娑世界里的一切，都不是用来拥有的，而是用来舍的，一个人舍下一切则是真正的壮大，无牵无挂；一个人拥有一切便是沉沦苦痛的深渊。学会舍弃，免于物欲的奔逐、事物的执迷，才能获得人生的自在与豁达。

在巴勒斯坦有两个湖，这两个湖给人的感觉是完全不一样的。其中一个湖名叫加里勒亚湖，水质清澈洁净，可供人们饮用，湖里面各种生物和平相处，鱼儿游来游去，清晰可见，四周是绿色的田野与园圃，人们都喜欢在湖边筑屋而居。

另一个湖叫死海，水质的含碱度位于世界之最，湖里没有鱼儿的游动，湖边也是寸草不生，了无生气，景象一片荒凉，没有人愿意住在附近，因为它周围的空气都让人感到窒息。

有趣的是，这两个湖的水源，是来自同一条河的河水。所不同的是：一个湖既接受也付出，而另一个湖在接受之后，只保留，不懂得舍去原来的水。

让河流动，方得一池清水，这是流水不腐的道理。舍而后得，这是人生的道理。

舍与得的问题，多少有点哲学的意味。舍得，舍得，先有舍才有

得，不舍不得，小舍小得，大舍大得，舍即是得。舍是得的基础，欲将取之，必先予之，因而人生最大的问题不是获得，而是舍弃，无舍尽得谓之贪。贪者，万恶之首也。领悟了舍得之道，对于做人做事都有莫大的益处。做人，应该抛弃贪婪、虚伪、浮华、自私，力求真诚、善良、平和、大气。做事，应该有所为有所不为。

生活本来就是舍与得的世界，我们在选择中走向成熟。做学问要有取舍，做生意要有取舍，爱情要有取舍，婚姻也要有取舍，实现人生价值更要有取舍……正如孟子所说："鱼，我所欲也；熊掌，亦我所欲也。二者不可兼得，舍鱼而取熊掌者也。"人生即是如此，有所舍而有所得，在舍与得之间蕴藏着不同的机会，就看你如何抉择。倘若因一时贪婪而不肯放手，结果只会被迫全部舍去，这无异于作茧自缚，而且错过的将是人生最美好的时光，即使最后能获得什么，那也是一种得不偿失！何苦来哉？

舍与得之间的抉择是一种生活的艺术，亦是一种人生哲学。是否舍得就看你的慧量是多少了。

即刻放下便放下，欲觅了时无了时

当你决定放下时，你就不会再失去，消失的只有烦恼。人生所有的烦恼都源于放不下的执着。

"若著相于外，而作法求真，或广立道场，说有无之过患，如是之人，累劫不可见性。"《坛经》在这里点明了"若著相于外"的种种弊端，目的只有一个，那就是让人们懂得"放下"、懂得"放手"。佛语中讲的"放下屠刀，立地成佛"中的"放"意为"放弃"，而"屠刀"则泛指恶念。不论是"放弃"与"放下"，都是让人们将某些该放下的事情要敢于放下、勇于放下。

从古到今，芸芸众生都是忙碌不已，为衣食、为名利、为自己、为子孙……哪里有人肯静下心来思考一下：忙来忙去为什么？多少人是直到生命的终点才明白，自己的生命浪费太多在无用的方面，而如今却已没有时间和精力去体会生命的真谛了。唐代的寒山禅师针对这一现象作过一首《人生不满百》的诗——

人生不满百，常怀千岁忧。

自身病始可，又为子孙愁。

下视禾根土，上看桑树头。

秤锤落东海，到底始知休。

此诗可以这样解释："人生不满百，常怀千岁忧"，尽管人生非常短暂，但是人们却都抱着长远规划，全然忘记生命的脆弱；"自身病始可，又为子孙愁"，不仅要应付自己的烦恼，还要为子孙后代的生活操劳；"下视禾根土，上看桑树头"，生命中劳劳碌碌都是为衣食生计奔波，哪里有时间停下来思考一下生命的意义；"秤锤落东海，到底始知休"，人生的轨迹就如同掉进水里的秤砣一样，直到生命的尽头才会停止。

寒山禅师以此诗提醒世人："即刻放下便放下，欲觅了时无了时。"能放下的事情不妨放下，若是等待完全清闲再来修行，恐怕是永远找不到这样的机会了。

从前有个国王，放弃了王位出家修道。他在山中盖了一座茅草棚，天天在里面打坐冥想。有一天感到非常得意，哈哈大笑起来，感慨道："如今我真是快乐呀。"

旁边的修道人问他："你快乐吗？如今孤单地坐在山中修道，有什么快乐可言呢？"

国王说："从前我做国王的时候，整天处在忧患之中。担心邻国夺取我的王位，恐怕有人劫取我的财宝，担心群臣觊觎我的财富，还

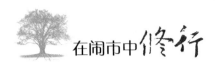

担心有人会谋反……现在我做了和尚，一无所有，也就没有算计我的人了，所以我的快乐不可言喻呀。"

人生往往如此：拥有的越多，烦恼也就越多。因为万事万物本来就随着因缘变化而变化，凡人却试图牢牢把握使它不变，于是烦恼无穷无尽。倒不如尽量放下，烦恼自然会渐渐减少。话虽如此，又有谁能放下呢？

许多人都有贪得无厌的毛病，正因为贪多，反而不容易得到。结果患得患失，徒增压力、痛苦、沮丧、不安，一无所获，真是越想越得不到。

有个孩子把手伸进瓶子里掏糖果。他想多拿一些，于是抓了一大把，结果手被瓶口卡住，怎么也拿不出来。他急得直哭。

佛陀对他说："看，你既不愿放下糖果，又不能把手拿出来，还是知足一点吧！少拿一些，这样拳头就小了，手就可以轻易地拿出来了。"

在生活中，要学会"得到"需要聪明的头脑，但要学会"放下"却需要勇气与智慧。普通的人只知道不断占有，却很少有人学会如何放下。于是占有金钱的为钱所累，得到感情的为情所累……佛家劝人们放下，不是要人们什么事情都不做，是说做过之后不要执着于事情的得失成败：钱是要赚的，但是赚了之后要用合适的途径把它花掉，而不是试图永远积攒；感情是应该付出的，不过不必强求付出的感情一定得到回报，更何况什么天长地久。如果我们学会了"放下"的智慧，那么不仅会利益周围的人，更是从根本上解脱了我们自己。

当佛陀在世的时候，有位婆罗门的贵族来看望他。婆罗门双手各拿一个花瓶，准备献给佛陀作礼物。

佛陀对婆罗门说："放下。"

婆罗门就放下左手的花瓶。

佛陀又说："放下。"

于是婆罗门又放下右手的花瓶。

然而，佛陀仍旧对他说："放下。"

婆罗门茫然不解："尊敬的佛陀，我已经两手空空，您还要我放下什么呢？"

　　佛陀说："你虽然放下了花瓶，但是你内心并没有彻底地放下执着。只有当你放下对自我感观思虑的执着、放下对外在享受的执着，你才能够从生死的轮回之中解脱出来。"

　　在我们寻常人的眼里，世间的万法往往被认为是实有的，加之我们以固有的观念去看待世间的万物，因而在我们主观的视角中便产生畸形的人生观，当作衡量世间一切事物的尺度，因而使我们深深地被是非、烦恼困扰住了。于是人生就平生起了许多的痛苦，而我们自身又无法摆脱这种痛苦的缠绕。显然，我们要摆脱世间各种烦恼的缠缚，单纯地依靠世间的智慧，无疑是不可能实现的，有时我们还需要一种勇气、一种敢于"放下"的勇气。比方说我们对某些事"求之不得"时，就会想尽一切办法努力去争取实现其目的，而当这一目的被实现之后，新的欲求又将会接着产生，由是转而产生新的烦恼，如此则永无了期。此时此刻，如果我们心中能够产生一种"放下"的勇气，这个烦恼也就有了期限。

　　懂得"放下"，是一颗开心果、是一味解烦丹、是一道欢喜禅。只要我们能够适时地"放下"，何愁没有快乐的春莺在啼鸣，何愁没有快乐的泉溪在歌唱，何愁没有快乐的鲜花在绽放！

得必失，而失必得

　　人生本来就是在得失间度过，擦亮你的智慧，在取舍间做出一个正确的选择。

　　世间事，凡有一得必有一失，凡有一失必有一得。当你终于成功

了，失去的是青春；你终于事业有成了，失去的是健康；一些所谓的成功人士有许多女伴的时候，失去的也许是忠贞不渝的爱情和夫妻间的相濡以沫；儿孙满堂时，失去的却是一生。

我们出来做事，如果一点都放不开，什么也舍不得的话，很可能就什么也得不到；你捡起一块石头之后总也放不下的话，双手就不能用来干别的事了。

而一个人的精力总是有限的，如果什么都想得到，分心太散，则很可能什么也得不到，什么事也做不成。有的人总幻想着做遍世上的一切工作，那太不现实了。人还是一辈子只做几件事好，但是要把那几件做得像个样子。

希尔·西尔弗斯坦在《失去的部件》中记述了这样一个故事：

一个圆环失去了一个部件，它旋转着去寻找这部件。因为缺少了部件，它的滚动非常缓慢，这使得它有机会欣赏沿途的鲜花，可以与阳光对话，和地上的小虫聊天，同蝴蝶吟唱……而这是它在完整无缺、快速滚动时无法注意、没能享受到的。但当它找到那部件后，因为滚得太快，它再不能从容地欣赏鲜花，也没有机会聊天，因而失去了所有的朋友，一切都变得稍纵即逝……

在梦中的天姥山的石阶上，脚著谢公履，看海日，闻天鸣，醒来便仰天长啸出门去，不肯摧眉折腰事权贵的李白选择了骑鹿游名山，失去了权势，却得到了开心颜。

在南山蜿蜒的小路上，东篱下，一个采菊的身影，挥罢衣袖，吟道："少无适俗韵，性本爱深山。"在误落尘网三十年后，陶渊明选择了守拙归田园，失去了五斗米的俸禄，却挺直了他的脊梁。

在惶恐滩头，在零丁洋里，文天祥一身浩然正气，不被利禄所惑，不为强暴所屈，失去了生命，却赢得了千古赞颂。

不是一切失去都只意味着缺憾。

在国家生死存亡的关头，为了个人的恩怨，为了一己之私，秦桧谗言献媚，一句"莫须有"，断送了祖国大好河山。是的，他得到了满足，却留下了千古骂名。

不是一切得到都意味着圆满。

在人生道路上，在花花世界里，你是否看清：不是一切失去都意味着缺憾，不是一切得到都意味着圆满。

不要为失去的追悔伤心，也许失去意味着更好地得到，只要你选择的是纯洁而又美好的理想；不要为得到的而沾沾自喜，也许得到代表着你失去了更多，如果你选择的是虚荣而又自私的目标。

天台国清寺的两个诗僧，在幽静的林子里，在月光下对话。一问：世人谤我、欺我、辱我、恶我，如何？一答：你只须由他、任他、忍他，你且看他。

是啊，无论失去或得到，只须用一颗平静的心去面对，缺也会是圆。

得与舍的关系是很微妙的，一个人一生中也许只能得到有限的几样东西，甚至几点东西。而这些东西可能要用一生的时间来换取，所以在这个意义上人生是个悲剧。这个世界上有那么多东西，又有那么多美好的东西，可是那一切好像与你无关，它对于你只是作为一种诱惑出现，你只能眼睁睁地看着别人将它拿走。如果一点都放不开，什么都舍不得，什么都想得到，就会活得很累。可是你本来就一无所有，甚至这世界上本来就无你，从这点看，你已经获得了几样东西，最起码获得了生命，和来世界走一遭的体验。上帝对你还是不错的，起码在这个美好纷繁的世界上旅游了这些许年，所以你看，你是不是又得到了许多？

参透了得与失，就不会得意忘形，也不会悲观失望，有一颗平常心，一颗从容心，就可以做事了。

不以物喜，不以己悲

"采菊东篱下，悠然见南山。"精神上的得意与轻松，试问还有何物能够取代？

当我们在得与失之间徘徊的时候，只要还有选择的权利，那么，我们就应当以自己的心灵是否能得到安宁为原则。只要我们能在得失之间做出明智的选择，那么，我们的人生就不会被世俗所湮没。

山姆是一个画家，而且是一个很不错的画家。他画快乐的世界，因为他自己就是一个快乐的人。不过没人买他的画，因此他偶尔难免会有些伤感，但只是一会儿的时间。

"玩玩足球彩票吧！"朋友劝他，"只花两美元就有可能赢很多钱。"

于是山姆花两美元买了一张彩票，并且真的中了彩！他赚了500万美元。

"你瞧！"朋友对他说，"你多走运啊！现在你还经常画画吗？"

"我现在只画支票上的数字！"山姆笑道。

于是，山姆买了一幢别墅并对它进行了一番装修。他很有品位，买了很多东西，其中包括：阿富汗地毯、维也纳橱柜、佛罗伦萨小桌、迈森瓷器，还有古老的威尼斯吊灯。

山姆满足地坐下来，点燃一支香烟，静静地享受着自己的幸福。突然，他感到自己很孤单，他想去看看朋友，于是便把烟蒂一扔，匆匆走出门去。

烟头静静地躺在地上，躺在华丽的阿富汗地毯上……一个小时后，别墅变成一片火海，它完全被烧毁了。

朋友们在得知这一消息以后，都赶来安慰山姆："山姆，你真是不幸！"

"我有何不幸呢？"山姆问道。

"损失啊！山姆，你现在什么都没有了。"朋友们说。

"什么呀？我只不过损失了两美元而已。"山姆答道。

人生漫长，每个人都会面临无数次选择。这些选择，可能会使我们的生活充满烦恼，使我们不断失去本不想失去的东西。但同样是这些选择，却又让我们在不断地获得。我们失去的，也许永远无法弥补，但我们得到的却是别人无法体会到的、独特的人生。面对得与失、顺与逆、成与败、荣与辱，我们要坦然视之，不必斤斤计较，耿耿于怀。否则，只会让自己活得很累。

其实，人在大得意中常会遭遇小失意，后者与前者比起来，可能微不足道，但是人们却往往会怨叹那小小的失，而不去想想既有的得。

须知，得到固然令人欣喜，失去却也没有什么值得悲伤的。得到的时候，渴望就不再是渴望了，于是得到了满足，却失去了期盼；失去的时候，拥有就不再是拥有了，于是失去了所有，却得到了怀念。连上帝都会在关了一扇门的同时又打开一扇窗，得与失本身就是无法分离的：得中有失，失中又有得。

《孔子家语》里记载：有一天楚王出游，遗失了他的弓，下面的人要去找，楚王说："不必了，我掉的弓，我的人民会捡到，反正都是楚国人得到，又何必去找呢？"孔子听到这件事，感慨地说："可惜楚王的心还是不够大啊！为什么不讲人掉了弓，自然有人捡得，又何必计较是不是楚国人呢？"

"人遗弓，人得之"应该是对得失最豁达的看法了。就常情而言，人们在得到一些利益的时候，大都喜不自胜，得意之色溢于言表；而在失去一些利益的时候，自然会沮丧懊恼，心中愤愤不平，失意之色流露于外。但是对于那些志趣高雅的人来说，他们在生活中能"不以

物喜，不以己悲"，并不把个人的得失记在心上。他们面对得失心平气和、冷静以待，超越了物质，超越了世俗，千百年来，令多少人"高山仰止，心向往之"。

莫为错过伤神

错过了美丽，收获的并不一定是遗憾，有时甚至可能是圆满。

生活中有一种痛苦叫错过。人生中一些极美、极珍贵的东西，常常与我们失之交臂，这时的我们总会因为错过美好而感到遗憾和痛苦。其实喜欢一样东西未必非要得到它，俗话说："得不到的东西永远是最好的。"

当你为一份美好而心醉时，远远地欣赏它或许是最明智的选择，错过它或许还会给你带来意想不到的收获。

我们匆匆行走于这个世界时，是否可以将一路的美景尽收眼底？是否可以将世间珍品都收归己有？不，不可能，甚至大多数的时候我们常常错过它们。于是，人生便有了"遗憾"这一词组。仔细想想，遗憾能给你留下什么？除了一种难以诉说的隐痛，似乎没有任何好处。所以，不要让自己总是怀有这种隐痛，佛法讲"万事随缘"，既然你与之无缘，那就随它自去吧！

禅界里讲了这样一个故事以警示世人：

小孩在一处平静之地玩耍，这时来了一位禅师，他给了小孩一块糖，于是，小孩非常高兴。

过了一会儿，禅师看见小孩哭得很伤心，就问他为什么要哭，那小孩说："我把糖丢了。"

禅师想："这小孩没糖时很平静，平白无故得到糖时很高兴，等到糖丢了时，便极度的伤心。那失去糖后，应与没得到糖时一样呀，又有什么可伤心的呢！"

是啊！为什么要伤心呢？

岁月会把拥有变为失去，也会把失去变为拥有。你当年所拥有的，可能今天正在失去，当年未得到的，可能远不如今天你正拥有的。有时候错过正是今后拥有的起点，而有时拥有恰恰是今后失去的理由。

美国的哈佛大学要在中国招一名学生，这名学生的所有费用由美国政府全额提供。初试结束了，有30名学生成为候选人。

考试结束后的第十天，是面试的日子。30名学生及其家长云集饭店等待面试。当主考官劳伦斯·金出现在饭店的大厅时，一下子被大家围了起来，他们用流利的英语向他问候，有的甚至还迫不及待地向他做自我介绍。这时，只有一名学生，由于起身晚了一步，没来得及围上去，等他想接近主考官时，主考官的周围已经是水泄不通了，根本没有插空而入的可能。

他错过了接近主考官的大好机会，他觉得自己也许已经错过了机会，于是有些懊丧起来。正在这时，他看见一个外国女人有些落寞地站在大厅一角，目光茫然地望着窗外，他想：身在异国的她是不是遇到了什么麻烦，不知自己能不能帮上忙。于是他走过去，彬彬有礼地和她打招呼，然后向她做了自我介绍，最后他问道："夫人，您有什么需要我帮助的吗？"接下来两个人聊得非常投机。

后来这名学生被劳伦斯·金选中了，在30名候选人中，他的成绩并不是最好的，而且面试之前他错过了跟主考官套近乎、加深自己在主考官心目中印象的最佳机会，但是他却无心插柳柳成荫。原来，那位异国女人正是劳伦斯·金的夫人，这件事曾经引起很多人的震动：原来错过了美丽，收获的并不一定是遗憾，有时甚至可能是圆满。

人生要留一份从容给自己，这样就可以对不顺心的事，处之泰然；对名利得失，顺其自然。要知道世上所有的机遇并不都是为你而设的，

人生总是有得有失，有成有败，生命之舟本来就是在得失之间浮沉！美丽的机会人人珍惜，然而却并非我们都能抓住，错过了的美丽不一定就值得遗憾。

战争时期，有一个人居住的地方遭遇了一次敌机的空袭。当时，他匆匆跑向一个拥挤不堪的防空洞，但是却发现洞内人满为患，无奈之中，他只能怀着遗憾朝远处的另一个防空洞跑去，还没等他跑出多远，突然身后传来一声巨响，敌机扔下的炸弹落地爆炸，刚才他去过的那个防空洞不幸被命中，洞中无一人生还。

有些美丽是不该错过的，而有些美丽则需要你去错过。从前，一位旅行者听说有一个地方景色绝佳，于是他决定不惜一切代价也要找到那个地方，一览秀色。可是经历了数年的跋山涉水、千辛万苦后，他已相当疲惫，但目的地依然茫然无踪。这时，有位老者给他指了一条岔路，告诉他美丽的地方很多很多，没必要沿着一条路走到底。他按老者的话去做了，不久他就看到了许多异常美丽的景色，他赞不绝口，流连忘返，庆幸自己没有一味地去找寻梦中那个美丽的地方。

生活就是如此，跋涉于生命之旅，我们的视野有限，如果不肯错过眼前的一些景色，那么可能错过的就是前方更迷人的景色，只有那些善于舍弃的人，才会欣赏到真正的美景。

有些错过会诞生美丽，只要你的眼睛和心灵始终在寻找，幸福和快乐很快就会来到。只是有的时候，错过需要勇气，也需要智慧。

喜欢一样东西不一定非要得到它。有时候，有些人为了得到他喜欢的东西，殚精竭虑，费尽心机，更有甚者可能会不择手段，以致走向极端。也许他在拼命追逐之后得到了自己喜欢的东西，但是在追逐的过程中，他失去的东西也无法计算，他付出的代价应该是很沉重的，是其得到的东西所无法弥补的。

为了强求一样东西而令自己的身心疲惫不堪，这很不划算，况且有些东西一旦你得到以后，日子一久或许就会发现它并不如原本想象中的好。如果你再发现你失去的比得到的东西更珍贵的时候，你一定会懊恼不已。俗话说："得不到的东西永远是最好的。"所以当你喜欢一样东西时，得到它也许并不是最明智的选择，而错过它却会让你有意想不到的收获。总之，人生需要一点随意和随缘，不为失去了的遗憾，也不为希求着的执着。无执、无贪，这便是禅的随性境界。

许多的心情，可能只有经历过之后才会懂得，如感情，痛过了之后才会懂得如何保护自己，傻过了之后才会懂得适时地坚持与放弃，在得到与失去的过程中，我们慢慢认识自己，其实生活并不需要这么些无谓的执着，没有什么是真的不能割舍的，学会放弃，生活会更容易！

因此，在你感觉到人生处于最困顿的时刻，也不要为错过而惋惜。失去的折磨会带给你意想不到的收获。花朵虽美，但毕竟有凋谢的一天，请不要再对花长叹了。因为可能在接下来的时间里，你将收获雨滴的温馨和戏雨的浪漫。

得失皆因果

昨日渐远，你会发现，曾经以为不可放手的东西，只是生命中的一块跳板而已……

得与失一如小舟的两支桨、马车的两只轮，得失只在一瞬间。失去春天的葱绿，却能够得到丰硕的金秋；失去青春岁月，却能使我们走进成熟的人生……失去，本是一种痛苦，但也是一种幸福，因为失去的同时也在获得。

所以得到与失去、追求与放弃，是现实生活中再平常不过的事情了，我们应该以一种平和、豁达的心态去看待。

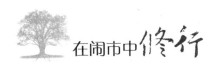

正所谓"祸兮福之所倚"！当我们遭受磨难时，请敞开胸怀、放眼未来，不要悲观、不要抱怨，这便是"福"的开端。

在一个王国里，有位大臣特别聪明，而这位大臣也因他的聪明，受到国王格外的宠爱与信任。

这位聪明的大臣不论遇上什么事，总是愿意去看事物好的那一面，因此，别人给了他一个雅号"必胜大臣"。

国王酷爱打猎，有一次在追捕猎物的过程中，弄断了一节食指。国王剧痛之余，立即召来"必胜大臣"，征询他对这件断指意外的看法。

"必胜大臣"仍本着他的作风，轻松自在地告诉国王，这应是一件好事。

国王闻言大怒，认为"必胜大臣"在嘲讽自己，立时命左右将他拿下，关到监狱里待斩。

"必胜大臣"听后，笑着说："您不敢杀我，总有一天您还得把我放出来。"国王听了怒吼道："来人，给我拉出去斩了。"但想一想道："先押入死牢。"就这样"必胜大臣"被关到死牢。

国王的断指痊愈之后，忘了此事，又兴冲冲地忙着四处去打猎。却不料带队误闯邻国国境，被丛林中埋伏的一群野人活捉。

依照野人的惯例，必须将活捉的这队人马的首领献祭给他们的神，于是便抓了国王绑到祭坛上。正当祭祀仪式开始，主持仪式的巫师突然惊呼起来。

原来巫师发现国王断了一截的食指，而按他们部族的律例，献祭不完整的祭品给天神，是会遭天谴的。野人连忙将国王解下祭坛，驱逐他离开，另外抓了一位同行的大臣献祭。

国王狼狈地回到朝中，庆幸大难不死，忽然想到"必胜大臣"曾说过的话，立刻将他由牢中释放，并当面向他道歉。

有一首偈这样说道："富贵贫穷各有由，夙缘分是莫强求。未曾下得春时种，坐守荒田望有秋。"其实，人世间的事，无论好坏、善恶、得失、有无，都有其因果关系，没有任何一件事可以脱离因果法则的。同样是人，为什么有人贫贱，有人富贵呢？这是因为有的人好吃懒做，悭吝不舍，整日游手好闲，不事生产，自然坐吃山空；有的人辛勤劳作，乐善好施，懂得广结善缘，自然生财有道。

在佛门里称布施为"种福田"，只要有播种，必然会有结果，但是何时才能有收成，就有待因缘成熟了。悭贪之人应该知道喜舍结缘乃是发财顺利之因，不播种，怎有收成？而且布施应在不自苦、不自恼的情形下为之，否则就是不净之施，不是真心惠人！

有舍有得，舍与得是生活的两面。得到了这一面，就必然会舍去另一面。正如福祸相依一样。世界上有许多人因为各种原因失去了他们本该拥有的，也得到了别人无法得到的。

1880 年，海伦·凯勒出生于美国亚拉巴马州的一个小镇，她从小聪明过人，但在 19 个月大的时候，一场暴病无情地夺去了她的视、听、说能力。后来她在家庭教师莎莉文小姐的帮助下，靠着日复一日、年复一年的奋力拼搏，不但学会了读书、写作、说话，而且上了大学，并最终克服常人无法想象的困难，成为一名举世瞩目的大作家，著有《我生活的故事》等共 14 部作品，许多国家授予了她荣誉学位和勋章。她的著作不仅被译成了布莱叶盲文，而且还译成了其他各种语言在全世界出版发行，她的事迹不但鼓舞了全球的残疾人，而且也鼓舞着无数健全的人。透过她那传奇的人生经历，人们对她身上那坚强的品质钦佩不已，这个双目失明的聋哑人，战胜三重残疾而创造了人生辉煌的传奇般经历，激励着一代又一代的人去为美好的明天而努力，去寻找自己在困境中更辉煌的生存方式。

海伦是不幸的。但因为这种不幸，使得她更渴望得到一种承认。所以，可以说苦难给了她不幸，同时也教给了她微笑面对生活让自己创造奇迹的勇气。相对于海伦而言，我们多数人是幸运的，而我们没有做出太大的成就是因为我们大多数人都存在着心理惰性。当然，也不是说因为有了类似海伦的经历就是好的。而是说这个世界其实一直

都在遵守着能量守恒定律。生活让你失去了一部分，就必然会在另一部分中给你补偿。

有一个10岁的小男孩在一次车祸中失去了左臂，但是他很想学柔道。最终，小男孩拜一位日本柔道大师为师，开始学习柔道。他学得不错，可是练了3个月，师傅只教了他一招，小男孩有点弄不懂了。

一天，他终于忍不住问师傅："我是不是应该再学些其他招法？"师傅回答说："不，你只需学会这一招就够了。"小男孩并不是很明白，但他很相信师傅，于是就继续照着练了下去。

几个月后，师傅第一次带小男孩去参加比赛。小男孩自己都没有想到居然轻轻松松地赢了前两轮。第三轮稍稍有点艰难，但对手还是很快就变得有些急躁，连连进攻，小男孩敏捷地施展出自己的那一招，又赢了。就这样，小男孩迷迷糊糊地进入了决赛。

决赛的对手比小男孩高大、强壮许多，也似乎更有经验。关键时刻，小男孩显得有点儿招架不住了。裁判担心小男孩会受伤，就叫了暂停，还打算就此终止比赛，然而师傅不答应，坚持说："继续下去！"

比赛重新开始后，对手放松了戒备，小男孩立刻使出他的那招，制伏了对手，最终获得了冠军。

在回家的路上，小男孩和师傅一起回顾每场比赛的每一个细节，小男孩鼓起勇气道出了心里的疑问："师傅，我怎么能仅凭一招就赢得了冠军？"

师傅答道："有两个原因：第一，你几乎完全掌握了柔道中最难的一招；第二，据我所知，对付这一招唯一的办法是对手抓住你的左臂。"

生活就是这样，有时缺陷可以变成优势。所以，当你拥有缺陷时，不要为此忧伤，因为生活本来就有它的两面性。谁都无法逃离这个规则。

毋庸置疑，在人的一生中，必然要经历无数的失去，当我们失去了曾经拥有的美好时光，我们总是会更加感叹人生路的难走。其实大可不必如此，不管人生的得与失，我们都应致力于让自己的生命充满亮丽与光彩。

不再为失去掉眼泪，笑对明天的生活，努力活出自己的精彩，前途也会是一片光明。

一个商人在翻越一座山时，遭遇了一个拦路抢劫的山匪。商人立即逃跑，但山匪穷追不舍。走投无路之下，商人钻进了一个山洞里。山匪也追进了山洞里。

在山洞的深处，商人未能逃过山匪的追逐。黑暗中，他被山匪逮住了，遭到了一顿毒打，身上所有钱财，包括一支准备夜间照明用的火把，都被山匪掳去了。

"幸好山匪并没有要我的命！"商人为失去钱财和火把沮丧了一阵之后，突然想开了。之后，两个人各自寻找着山洞的出口。这山洞极深极黑且洞中有洞，纵横交错。两个人置身于洞里，像置身于一个地下迷宫。山匪庆幸自己从商人那里抢来了火把，于是他将火把点燃，借着火把的亮光在洞中行走。火把给他的行走带来了方便，他能看清脚下的石块，能看清周围的石壁，因而他不会碰壁，也不会被石块绊倒。但是，他走来走去，就是走不出这个洞。最终，他力竭而死。

商人失去了火把，没有了照明，但是他想："我还有眼睛呢。"于是，他在黑暗中摸索着，行走得十分艰辛。他不时碰壁，不时被石块绊倒，跌得鼻青脸肿。但是，正因为没有了火把的照明，使他置身于一片黑暗之中，这样他的眼睛就能够敏锐地感受到洞口透进来的微光，他迎着这缕微光摸索爬行，最终逃离了山洞。

后来，商人对人讲幸亏山匪抢走了他的火把，否则他也会像山匪那样困死在洞中。

塞翁失马，焉知非福。很多人因为失去才有了更好的获得，生活中其实没有什么东西是不能放手的。

昨日渐远，你会发现，曾经以为不可放手的东西，只是生命中的一块跳板而已，跳过了，你的人生就会变得更精彩。人在跳板上，最艰难的不是跳下来的那一刻，而是在跳下来之前，心里的犹豫、挣扎、无助和患得患失，那种感觉只有自己才能体会得到。同样，没有什么东西是不可或缺的，学会为所失去的感恩，幸福的阳光就会洒满你的心扉。

第二篇 顺逆欣戚，荣辱不惊

——千磨万击还坚劲，任尔东南西北风

　　荣辱不惊，是一种处世智慧，更是一门生活艺术。人生在世，生活中有褒有贬，有毁有誉，有荣有辱，这是人生的寻常际遇，不足为奇。古往今来无数事实证明，大凡事有所成、业有所就者无不具有"荣辱不惊"这种极宝贵的品格。荣也自然，辱也自在，一往无前，否极泰来。

荣不肆意，辱不失意

此身常放在闲处，荣辱得失谁能差遣我；此身常在静中，是非利害谁能瞒昧我？

荣辱不惊，保持平常心，是人生的一种境界，它不是平庸，它是来自灵魂深处的表白，是源于对现实清醒的认识。人生在世，不见得都会权倾四野和威风八面，也就是说最舒心的享受不一定是荣誉的满足，而是性情的安然与恬淡。因此说，荣辱不惊，用一颗平常心去对待、解析生活，就能领悟到人生的真谛。

居里夫人曾两度获得诺贝尔奖，她是怎样对待自己的荣誉呢？得奖出名之后，她照样钻进实验室里，埋头苦干，而把成功和荣誉的金质奖章给小女儿当玩具。有的客人见了感到非常惊讶。居里夫人却笑了笑说："我要让孩子们从小就知道，荣誉就像玩具一样，只能玩玩罢了，绝不能永远地守着它，否则你将一事无成。"

在生活中，有的人却不是这样，他们稍微有了点成绩，出了点名之后，便沾沾自喜起来，自以为功成名就了，就可以天天吃老本了，从此便失去了新的奋斗目标。这种做法是不足取的。鲁迅说："自卑固然不好，自负也是不好的，容易停滞。我想顶好是不要自馁，总是干；但也不可自满，仍旧总是用功。"

《菜根谭》上说："此身常放在闲处，荣辱得失谁能差遣我；此身常在静中，是非利害谁能瞒昧我。"意思是说，经常把自己的身心放在安闲的环境中，世间所有的荣华富贵和成败得失都无法左右我；经常把自己的身心放在安宁的环境中，人间的功名利禄和是是非非就不能欺骗蒙蔽我了。

在生活中随遇而安，纵然身处逆境，仍从容自若，以超然的心情看待苦乐年华，以平常的心情面对一切荣辱。平常心是一种人生的美丽，非淡泊无以明志，非宁静无以致远。不虚饰，不做作，襟怀豁达，洒脱适意的平常心态不仅给予你一双潇洒和洞穿世事的眼睛，同时也使你拥有一个坦然充实的人生。

在社会竞争日益激烈的今天，保持一种平和的心态，对身体的健康和事业的成败都是至关重要的。当然，平常心是一种经历失败与挫折，不断奋斗努力，才能历练出的人生境界。它不为一切浮华沉沦，不为虚荣所诱。

时光荏苒，人生短暂。要快乐地品尝人生的盛宴，需要每个人拥有一份荣辱不惊、不卑不亢的平常心态。即使身份卑微，也不必愁眉苦脸，要快乐地抬起头，尽情地享受阳光；即使没有骄人的学历，也不必怨天尤人，而要保持一种积极拼搏的人生态度；当我们出入豪华场所，用不着为自己过时的衣着而羞愧；遇见大款老板、高官名人，也用不着点头哈腰，不妨礼貌地与他们点头微笑。

我们用不着羡慕别人美丽的光环，只要我们拥有一份平和的心态，尽自己所能，选择自己的人生目标，勇敢地面对人生的各种挑战，无愧于社会、无愧于他人、无愧于自己，那么，我们的心灵圣地就一定会阳光灿烂，鲜花盛开。

在现实生活中难免会遭到不幸和烦恼的突然袭击，有一些人，面对从天而降的灾难，处之泰然，总能使平和与开朗永驻心中；也有一些人面对突变而方寸大乱，甚至一蹶不振，从此浑浑噩噩。为什么受到同样的心理刺激，不同的人会产生如此大的反差呢？原因在于能否保持一颗平常心，荣辱不惊。

著名女作家冰心曾亲笔写下这样一句话："有了爱就有了一切。"看到这句话，不禁让人感到一种身心的净化，受到一种圣洁灵魂的感染。在冰心的身上，永远看到的是一个人生命力的旺盛，看到的是一颗跳动

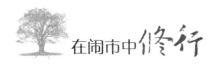

了近百年的、在思考、在奋斗的年轻、从容的心。尽管老了之后行动不便，她每早起床仍大量阅报读刊，了解文坛动态，然后就握笔为文，小说、散文、杂文、自传、评论、序跋，无所不写。在遗嘱里她还写下了这样的句子："我悄悄地来到这个世上，也愿意悄悄地离去。"

成功时不心花怒放，莺歌燕舞，纵情狂笑，失败时也绝不愁眉紧锁，茶饭不思，夜不能寐。拥有了一颗平常心，就拥有了一种超然、一种豁达，故达观者宠亦泰然，辱亦淡然。成功了，向所有支持者和反对者致以满足的微笑；失败了，转过身揩干痛苦的泪水。

实际上，生活就如同弹琴，弦太松弹不出声音，弦太紧会断，保持平常心才是悟道之本。古今中外的大多数伟人，他们沉着冷静，遇事不慌，及时应变，正确判断所处局势，取得了令人瞩目的成就。一般来说，人们只要不是处在疯狂或激怒的状态下，都能够保持自制并做出正确的决定。荣辱不惊的情绪，不仅平时可以给生活带来幸福稳定和畅快，而且能在大难临头的时候，帮助你转危为安，逢凶化吉。

在物欲横流，处处充满陷阱和诱惑的社会里，能保持一颗平常心不是一件很容易的事。在平常心的世界里，一切都被看得平平常常，即"宠辱不惊，看庭前花开花落，去留无意，望天空云卷云舒"。

当然，保持平常心绝不是安于现状。人类的伟大在于永无休止地追求和渴望，历史的嬗变在于千百万创造历史的人们永无休止地劳作。生命是一个过程，而生活是一叶小舟。当我们驾着生活的小舟在生命这条河中缓缓漂流时，我们的生命乐趣，既来自对伟岸高山的深深敬仰，也来自于对草地低谷的切切爱怜；既来自于与惊涛骇浪的奋勇搏击，也来自于对细波微澜的默默深思。

因此我们平常的生命、平常的生活一经升华，就会变得不那么平常起来。因为，生命和生活是美丽的，这种美丽，恰恰蛰伏于最容易被我们忽略的平平常常之中。没有珍惜平常的人，不会创造出惊天动地的伟业，没有把平常日子过好的人，体味不到人生的幸福，因为平常孕育着一切，包容着一切，一切都蕴涵在平常之中。

梅花香自苦寒来

心情的颜色影响着世界的颜色。困恼的根源，实际上并不是遭受了多大的不幸，而是人的内心素质存在某种缺陷，对生活的认识存有偏差。

我们应该感谢苦难，因为苦难让我们懂得了真正的生活。无论这困难来自于生活抑或是情感，请从感谢苦难开始，反省自己、恢复自己。相信，你所经历的苦难，必然会成为你日后人生路上永远感谢的对象，因为没有这些苦难，你不会解悟，不会有今天的体会。

某人前往朋友家做客，方知朋友的 3 岁儿子罹患先天性心脏病，最近动过一次手术，胸前留下一道深长的伤口。

朋友告诉他，孩子有天换衣服，从镜中看见疤痕，竟骇然而哭。

"我身上的伤口这么长！我永远不会好了。"她转述孩子的话。

朋友心酸之余，解开自己的裤子，露出当年剖腹产留下的刀口给孩子看。

"你看，妈妈身上也有一道这么长的伤口。"

"因为以前你还在妈妈的肚子里的时候生病了，没有力气出来，幸好医生把妈妈的肚子切开，把你救了出来，不然你就会死在妈妈的肚子里面。妈妈一辈子都感谢这道伤口呢！"

"同样地，你也要谢谢自己的伤口，不然你的小心脏也会死掉，那样就见不到妈妈了。"

感谢伤口！——这四个字如钟鼓声直撞心头，孩子不由得低下头，检视自己的伤口。

它不在身上，而在心中。

孩子的敏感、早熟令他惊讶；朋友的反应则更让他动容。

那时节，他工作屡遭挫折，加上在外独居，生活寂寥无依，更加重了情绪的沮丧、消沉，但生性自傲的他不愿示弱，便试图用光鲜的外表、强悍的言语加以抵御。

隐忍内伤的结果，终至溃烂、化脓，直至发觉自己已经开始依赖酒精来逃避现状，为了不致一败涂地，他决定举刀割除这颓败的生活，辞职搬回父母家。

如今伤势虽未再恶化，但这次失败的经历却像一道丑陋的疤痕，刻画在胸口。认输、撤退的感觉日复一日强烈，自责最后演变为自卑，使他彻底怀疑自己的能力。

好长一段时日，他蛰居家中，对未来裹足不前，迟迟不敢起步出发。

朋友让他懂得从另一角度来看待这道伤口：庆幸自己还有勇气承认失败，重新来过，并且把它当成时时警醒自己，匡正以往浮夸、矫饰作风的警戒线。

他要感谢朋友，更要感谢伤口！

其实，在苦难来临之时，人总是会感觉内心不安或是意志动摇，这是很正常的。但纵然如此，我们面临这种情况，必须要不断自励自勉，鼓起勇气，信心百倍地去面对，这才是最正确的选择。

有一个叫作鲁奥吉的青年，他在20岁那年骑摩托车出事，腰部以下全部瘫痪。鲁奥吉在事后回忆说："瘫痪使我重生，过去我所能做的事都必须从头学习，就像穿衣、吃饭，这些都是锻炼，需要专注、意志力和耐心。"

鲁奥吉以极积面对人生的态度声称，以前自己不过是个浑浑噩噩的加油站工人，整天无所事事，对人生没什么目标。遭遇车祸以后，他经历的乐趣反而更多，他去念了大学，并拿到语言学学位，他还替人做税务顾问，同时也是射箭与钓鱼的高手。他强调，如今，"学习"

与"工作"是他所选择的最快乐的两件事。

的确，生命中收获最多的阶段，往往就是最难挨、最痛苦的时候，因为它迫使你重新检视反省，替你打开了内心世界，找到更清晰、更明确的方向。

要想生命尽在掌控之中是件非常困难的事，但日积月累之后，经验能帮助你汇集出一股力量，让你越来越能在人生竞技场中进出自如。很多灾难在事过境迁之后回头看它，会发现它并没有当初看来那么糟糕，这就是生命的成熟与锻炼。

心理学家曾经提出过"最优经验"的解释，意思是指，当一个人自觉能把体能与智力发挥到最极限的时候，就是"最优经验"出现的时候，而通常"最优经验"都不是在顺境之中产生的，反而是在千钧一发的危机与最艰难的时候涌现。据说，许多在集中营里大难不死的囚犯，就是因为困境激发了他们采取最优的应对策略，最终能躲过劫难。

这是基督圣歌"奇迹的教诲"中的一句歌词："所有的锻炼不过是再次呈现，我们还没学会的功课。"学着与痛苦共舞，才能看清造成痛苦来源的本质，明白内在真相。更重要的是，让你学到了该学的功课。

山中鹿之介是日本战国时代有名的豪杰，据说他时常向神明祈祷："请赐给我七难八苦。"很多人对此举都是很不理解，就去请教他。鹿之介回答说："一个人的心志和力量，必须在经历过许多挫折后才会显现出来。所以我希望能借助各种困难险厄，来锻炼自己。"而且他还作了一首短歌，大意如下："令人忧烦的事情，总是堆积如山，我愿尽可能地去接受考验。"

一般人对神明祈祷的内容都有所不同，一般而言，不外乎是利益方面。有些人祈祷更幸福，有人祈祷身体健康，甚或赚大钱，却没有人会祈求神明赐予更多的困难和劳苦。因此当时的人对于鹿之介这种祈求七难八苦的行为，不予以理解，是很自然的现象，但鹿之介依然

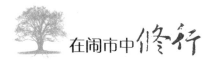

这样祈祷。他的用意是想通过种种困难来磨砺自己，其中也有借七难八苦来勉励自己的用意。

鹿之介的主君尼子氏，遭到毛利氏的灭亡，因此他立志消灭毛利氏，替主君报仇。但当时毛利氏的势力正如日中天，尼子氏的遗臣中胆敢和毛利氏对敌的，可说少之又少，许多人一想到这是毫无希望的战斗，就心灰意冷。可是，鹿之介还是不时勉励自己，鼓舞自己的勇气。或许就是因为这个缘故，他才会祈祷神明赐予七难八苦。

其实，生活的现实对于我们每个人本来都是一样的。但一经各人不同"心态"的诠释后，便代表了不同的意义，因而形成了不同的事实、环境和世界。心态改变，则事实就会改变；心中是什么，则世界就是什么。心里装着哀愁，眼里看到的就全是黑暗，抛弃已经发生的令人不痛快的事情或经历，才会迎来新心情下的乐趣。

有一天，詹姆斯忘记关上餐厅的后门，结果早上3个武装抢匪闯入抢劫，他们要挟詹姆斯打开保险箱。由于过度紧张，詹姆斯弄错了一个号码，造成抢匪的惊慌，开枪射击詹姆斯。幸运的是，詹姆斯很快被邻居发现了，紧急送到医院抢救，经过18小时的外科手术以及长时间的悉心照顾，詹姆斯终于出院了，但还有颗弹头留在他身上……

事件发生6个月之后詹姆斯向朋友讲起了他的心路历程。詹姆斯说道："当他们击中我之后，我躺在地板上，还记得我有两个选择：我可以选择生，或选择死。我选择活下去。"

"你不害怕吗？"朋友问他。詹姆斯继续说："医护人员真了不起，他们一直告诉我没事，放心。但是在他们将我推入紧急手术间的路上，我看到医生跟护士脸上忧虑的神情，我真的被吓到了，他们的脸上好像写着——他已经是个死人了！我知道我需要采取行动。"

"当时你做了什么？"朋友继续问。

詹姆斯说："当时有个护士用吼叫的音量问我一个问题，她问我是否会对什么东西过敏。我回答：'有。'这时，医生跟护士都停下来等待我的回答。我深深地吸了一口气喊着：'子弹！'等他们笑完之后，我告诉他们：'我现在选择活下去，请把我当作一个活生生的人来开刀，不是一个活死人。'"

詹姆斯能活下来当然要归功于医生的精湛医术，但同时也由于他令人敬佩的态度。我们从他身上学到，每天你都能选择享受你的生命，或是憎恨它。这是唯一一件真正属于你的权利。没有人能够控制或夺去的东西，如果你能时时记住这件事实，你生命中的其他事情都会变得容易许多。

心情的颜色会影响世界的颜色。如果一个人，对生活抱一种达观的态度，就不会稍有不如意，就自怨自艾，只看到生活中不完美的一面。在我们的身边，大部分终日苦恼的人，实际上并不是遭受了多大的不幸，而是自己的内心素质存在着某种缺陷，对生活的认识存在偏差。

事实上，生活中有很多坚强的人，即使遭受挫折，承受着来自于生活的各种各样的折磨，他们在精神上也会岿然不动。充满着欢乐与战斗精神的人们，永远不会为困难所打倒，在他们的心中始终承载着欢乐，不管是雷霆与阳光，他们都会给予同样的欢迎和珍视。

不可逆，即顺之

既然控制不了，就选择去喜欢！不要固执地扛住不放，有时，"顺应天命"也是一种不错的选择。

在生活中，有些人因为阅历不够，常常会碰到一些无法改变的事情。遇到这些事情，不要去硬拼，没必要非弄个鱼死网破，因为鱼死了网也未必会破；也不必弄个玉碎瓦全，因为碎了的玉和瓦没什么区

别，不如去顺应、去配合，把自己磨得圆滑一些。

一位美国旅行者来到苏格兰北部。他问一位坐在树荫下的老人："明天天气怎么样？"

老人看也没看天空就回答说："是我喜欢的天气。"

旅行者又问："会出太阳吗？"

"我不知道。"老人回答。

"那么，会下雨吗？"

"我不想知道。"

这时旅行者已经完全被搞糊涂了。"好吧，"他说，"如果是你喜欢的那种天气，那会是什么天气呢？"

老人看着旅行者，慢慢说道："很久以前我就知道自己无法控制天气，所以不管天气怎样，我都会喜欢。"

既然控制不了，就选择去喜欢！不要固执地扛住不放，有时，"顺应天命"也是一种不错的选择。别为你无法控制的事情而烦恼，你要做的是决定自己对于既成事实的态度。

生活中发生的很多事情也许已将我们磨得失去了耐性，可是没有办法改变，又能怎么办呢？最好的办法，就把生活当成自己的小情人吧，在经受挫折时，就当是她在发脾气，不要与她计较，哄哄她也是一种生活的情调。

小程是一所名牌大学的高才生，他不仅成绩出众，还是校学生会的主席，大学毕业后，他如愿以偿来到一家外资企业工作。可是不久他就发现，自己在公司干的都是些打杂的事情。

从名牌大学的高才生到别人的"助理"，这样的现实让小程很难接受，特别是别人动不动就使唤他，让小程觉得尊严受到了挑战。他有时咬牙切齿地干完某事，又要笑容可掬地向有关人员汇报说："已经做好了！"

如此违心的两面派角色，他自己都感到恶心。有几次，他还与同事争吵起来。时间一长，小程的日子就不好过了，同事们几乎没人理他，孤傲的小程更加孤独了。

生活就是这样，当你没办法改变世界时，唯一的方法就是改变自己。还有另一个故事：

许多年前，一个少女来到酒店当服务员。这是她的第一份工作，因此她很激动，暗下决心：一定要好好干。她想不到上司竟然安排她洗厕所。洗厕所！说实话没人爱干，何况她从未干过这种粗重又脏又累的活，细皮嫩肉、喜爱洁净的她干得了吗？她陷入了困惑、苦恼之中，也哭过鼻子。

这时，她面临着人生的一大抉择：是继续干下去，还是另谋职业？继续干下去——太难了！另谋职业——知难而退？她不甘心就这样败下阵来，因为她曾下过决心：人生第一步一定要走好，马虎不得！这时，同单位一位前辈及时出现在她面前，帮她摆脱了困惑、苦恼，帮她迈好了这人生的第一步，更重要的是帮她认清了人生之路应该如何走。他并没有用空洞的理论去说教，只是亲自做给她看了一遍。

首先，他一遍遍地抹洗着马桶，直到抹洗得光洁如新。然后，他从马桶里盛了一杯水，一饮而尽，竟然毫不勉强。实际行动胜过万语千言，他不用一言一语就告诉了少女一个极为朴素、简单的道理：光洁如新，要点在于"新"，新则不脏，因为不会有人认为新马桶脏，也因为马桶中的水是不脏的，所以是可以喝的；反过来讲，只有马桶中的水达到可以喝的洁净程度，才算是把马桶洗得"光洁如新"了，而这一点已被证明可以办得到。

同时，他送给她一个含蓄的、富有深意的微笑，送给她关注的、鼓励的目光。这已经足够了，因为她早已激动得几乎不能自持，从身体到灵魂都在震颤。她目瞪口呆，热泪盈眶，恍然大悟，如梦初醒！她痛下决心："就算一生洗厕所，也要做一名洗厕所最出色的人！"

从此，她成为一个全新的、振奋的人，她的工作质量也达到了那位前辈的高水平。当然，她也多次喝过马桶水，为了检验自己的自信心，为了证实自己的工作质量，也为了强化自己的敬业心。

在生活和工作中，我们会遇到许多的不如意。比如，你是一个刚毕业的学生，很喜欢编辑的工作，可是摆在你面前的就只有文员的角色；你是一个准妈妈，很想要个儿子，可是生下来的偏偏是女儿；你正处于事业的爬坡期，你以为升职的名单里会有你，可是另一个你认为不如你的人却取代你升了职……既然改变不了事实，那么我们何不顺应环境，理清思绪，让自己重新开始呢？

顺不足喜，逆不足忧

顺境使我们的精力闲散无用，使我们感觉不到自己的力量，但是障碍却唤醒这种力量而加以运用。

《菜根谭》中写道："居逆境中，周身皆针砭药石，砥节砺行而不觉；处顺境内，眼前尽兵刃戈矛，销膏靡骨而不知。"其意为：人身处逆境之中，仿佛身侧皆是治病用的针砭药石，所以可时时自觉纠正自己的行为，陶冶自己的性情；处在顺境中，眼前就像布满了看不见的刀枪戈矛，人的意志逐渐消磨也浑然不觉。

秦孝公任用商鞅变法后，秦国越来越强大。面对着这种趋势，其他六国不免恐慌起来。有的主张六国联合起来，共同抵抗秦，这种主张被叫作合纵；有的主张六国中的任何一国联合秦国，来攻击其他国家，这种主张被叫作连横。在这场"合纵连横"活动中出现了许多能言善辩、靠游说获利禄、进仕途的游士、说客。苏秦就是一个突出的代表。

苏秦出身于农民家庭，家里很穷，他读书时，生活非常艰苦，饿极了就把自己的长发剪下去卖点钱，还常常帮人抄写书简，这样既可以换饭吃，又在抄书简的同时学到很多知识。这时，苏秦以为自己的学识已差不多了，就外出游说。他想见周天子，当面陈述自己的政见、对时势的看法，但没有人为他引荐。他来到西方的秦国，求见秦惠文王，向他献计怎样兼并六国，实现统一。秦惠文王客气地拒绝了他的意见，说："你的意见很好，只是我现在还不能做到啊！"苏秦想，建议不被采纳，能给个一官半职也好嘛，可是他什么也没有得到。他在秦国耐着性子等了一年多，家里带来的盘缠都花光了，皮袄穿破了，生活非常困难，无可奈何，只好长途跋涉回家去。

苏秦回到家里，一副狼狈的样子，一家人很不高兴，都不理他，父母不与他说话，妻子坐在织机上只顾织布，看也不看他。他放下行李，又累又饿，求嫂嫂给他弄点饭吃，嫂嫂不仅不弄，还奚落他一顿。在一家人的责怪下，苏秦非常难过。他想：我就这么没出息吗？出外游说，宣扬我的主张，人家为什么不接受呢？那一定是自己没有把书读透，没有把道理讲清楚。他感到很惭愧，但是他没有灰心。他暗暗下决心，一定要把兵法研习好。

有了决心，行动也跟上来了。白天，他跟兄弟一起劳动，晚上就刻苦学习，直到深夜。夜深人静时，他读着读着就疲倦了，总想睡觉，眼皮合到一块儿怎么也睁不开。他气极了，骂自己没出息。他想，瞌睡是一个大魔鬼，我一定要想法治治它！他想的是什么法子呢？他找来一把锥子，当困劲上来的时候，就用锥子往大腿上一刺，血流出来了。这样虽然很疼，但这一疼就把瞌睡冲走了。精神振作起来，他又继续读书。

苏秦就这样苦苦地读了一年多，掌握了姜太公的兵法，他还研究了各诸侯国的特点，以及它们之间的利害冲突，他又研究了诸侯的心理，以便于游说他们的时候，自己的意见、主张能被采纳。这时苏秦觉得已有成功的把握，他再次离家，风尘仆仆地踏上了游说之路。

这次苏秦获得了很大的成功。公元前333年，六国诸侯正式订立合纵的盟约，大家一致推苏秦为"纵约长"，把六国的相印都交给他，

让他专门管理联盟的事。

受挫自省，不怨天尤人；刺股律己，终成大器。苏秦的这条成才之路，给后人留下了养成良好德行的许多启示。

由此可见，我们看待人生的起落顺逆应该有辩证的观点。居逆境固然是痛苦压抑的，但对一个有作为、能自省的人来讲，在各种磨砺中可以锻炼自己的意志，修正自己的不足，一旦有了机会，就可能由逆向顺。居顺境当然是好事，但对于一个没有良好的品质和远大追求的人来讲，优裕环境中往往容易堕落腐败，这和在清苦环境中容易发奋上进的道理一样。一个人生活一优裕，就容易游手好闲不肯奋斗；反之如果处在艰苦穷困的环境中，"穷则变，变则通"。所以贫与富不是绝对不变的，顺与逆也是可以相互转化的。

经得苦难，始得新生

卓越之人的一大优点是：在不利和艰难的境况里百折不挠。

人生需要选择，生命需要蜕变，每当面临困难和挫折，面临选择和放弃，我们都要有足够的勇气，改变自己，只有这样才能获得重生，才能创造另一个辉煌！

老鹰是世界上寿命最长的鸟类，它的寿命可达 70 岁。但是如果想要活那么久，它就必须在 40 岁时作出困难却重要的抉择。

当老鹰活到 40 岁时，它的爪子开始老化，不能够牢牢地抓住猎物；它的喙变得又长又弯，几乎能碰到它的胸膛；它的翅膀也会变得十分沉重，因为它的羽毛长得又浓又厚，使它在飞翔的时候十分吃力。在这个时候，它是不会选择等死的，而是选择经历一个十分痛苦的过程来蜕变和更新，以便继续活下去。

这是一个漫长的过程：它需要经过 150 天的漫长锤炼，而且必须努力地飞到山顶，在悬崖的顶端筑巢，然后停留在那里不再飞翔。

首先，它要做的是用它的喙不断地击打岩石，直到旧喙完全脱落，然后经过一个漫长的过程，静静地等候新的喙长出来。之后，还要经历更为痛苦的过程：用新长出的喙把旧爪指一根一根地拔出来，当新的爪指长出来后，它们再把旧的羽毛一根一根地拔掉，等待 5 个月后长出新的羽毛。

这时候，老鹰才能重新开始飞翔，从此可以再过 30 年的岁月！

对于老鹰来说，这无疑是一段痛苦的经历，但正是因为不愿在安逸中死去，正是对 30 年新生岁月的向往，正是对脱胎换骨后得以重新翱翔于天际的憧憬，唤起了它对新生活的渴望和改变自己的决心。要想延长自己的生命，获得重生的机会，它选择了经受几个月的痛苦。我们不能不为老鹰这种勇于改变的勇气所折服。

人生又何尝不是如此？面对癌症，是草草地结束自己的生命以避免遭受肉体和精神的折磨，还是积极地治疗，创造生命的奇迹？陷入困境，是听天由命，等待命运的宣判，还是放手一搏，冒险寻求可能的转机？工作平淡无奇，碌碌无为，是安于现状，享受现有的安逸，还是勇于改变，寻求属于自己的一片天地？

主宰自己，做自己的主人。沮丧的面容、苦闷的表情、恐惧的思想和焦虑的态度是你缺乏自制力的表现，是你弱点的表现，是你不能控制环境的表现。它们是你的敌人，坚决拒绝它们！

有一个富翁，在一次大生意中亏光了所有的钱，并且还欠下了债，他卖掉房子、汽车，还清了债务。

此刻，他已孤独一人，无儿无女，穷困潦倒，唯有一只心爱的猎狗和一本书与他相依为命，相依相随。在一个大雪纷飞的夜晚，他来到一座荒僻的村庄，找到一个避风的茅棚。他看到里面有一盏油灯，于是用身上仅存的一根火柴点亮了油灯，拿出书来准备读书。但是一

阵风忽然把灯吹灭了，四周立刻漆黑一片。他陷入了黑暗之中，对人生感到痛彻的绝望，他甚至想到了结束自己的生命。但是，立在身边的猎狗给了他一丝慰藉，他无奈地叹了一口气沉沉睡去。

第二天醒来，他忽然发现心爱的猎狗已被人杀死在门外。抚摸着这只相依为命的猎狗，他突然决定要结束自己的生命，世间再没有什么值得留恋的了。于是，他最后扫视了一眼周围的一切。这时，他发现整个村庄都沉寂在一片可怕的寂静之中，他不由疾步向前。啊！太可怕了！尸体！到处是尸体！一片狼藉。显然，这个村庄昨夜遭到了匪徒的洗劫，连一个活口也没留下来。

看到这可怕的场面，他不由心念急转——啊！我是这里唯一幸存的人，我一定要坚强地活下去。此时，一轮红日冉冉升起，照得四周一片光亮，他欣慰地想，我是这个村庄唯一的幸存者，我没有理由不珍惜自己。虽然我失去了心爱的猎狗，但是，我得到了生命，这才是人生最宝贵的。

他怀着坚定的信念，迎着灿烂的太阳又出发了。

人生总有得意和失意的时候，一时的得意并不代表永久的得意；在一时失意的情况下，如果你不能把心态调整过来，就很难再有得意之时。

故事中的商人，在失意甚至绝望的状态下，重新寻回了希望，赶走了悲伤。这不能不说是他人生中的又一大转折。

联想到我们日常的生活和学习，遇到失意或悲伤的事情时，我们一样要学会调整自己的心态。如果你的演讲、你的考试和你的愿望没有获得成功；如果你曾经因为鲁莽而犯过错误；如果你曾经尴尬；如果你曾经失足；如果你被训斥和谩骂……那么请不要耿耿于怀。对这些事念念不忘，不但于事无补，还会占据你的快乐时光。抛弃它吧！把它们彻底赶出你的心灵。如果你的声誉遭到了毁坏，不要以为你永远得不到清白，怀着坚定的信念勇敢地走向前吧！

让担忧和焦虑、沉重和自私远离你；更要避免与愚蠢、虚假、错误、虚荣和肤浅为伍；还要勇敢地抵制使你失败的恶习和使你堕落的念头，你会惊奇地发现，你人生之旅是多么的轻松、自由！

走出阴影，沐浴在明媚的阳光中。不管过去的一切多么痛苦，多么顽固，把它们抛到九霄云外。不要让担忧、恐惧、焦虑和遗憾消耗你的精力。把你的精力投入到未来的创造中去吧！

请记住：生命在，希望就在！

死时无悔，不枉此生

来时无迹去无踪，去与来时事一同；何须更问浮生事，只此浮生是梦中。

有一天夜里，洞山禅师说法时没有点灯，禅僧能忍问洞山禅师："为什么不点灯呢？"洞山禅师听能忍这样一问，就叫侍者把灯点亮。然后洞山禅师对能忍说道："请你到我的面前来！"于是禅僧能忍走上前来。

洞山禅师对侍者说："你去拿3斤灯油送给这位上座！"

能忍甩甩袖子走出了讲堂，边走边思量：洞山禅师是慈悲？还是讽刺我的贪求？或者还有别的意思？经过一夜的参究，能忍若有所悟，于是拿出全部积蓄，举办斋会，供养大众。

禅僧能忍悟道后，在洞山禅师这里一住又是三年。三年后，能忍向洞山禅师告辞，说想要到别的地方去。

洞山禅师没有挽留，只是说："祝你一路顺风！"

等禅僧能忍出去后，一旁的雪峰禅师问洞山禅师道："这位禅僧走了以后，不知要多久才能回来？"

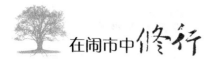

洞山禅师回答道:"他知道他可以走,但他却不知自己什么时候可以再回来。你去僧堂看他一下吧!"

雪峰禅师到了僧堂,发现能忍坐在自己的席位上已经往生了。雪峰禅师赶紧跑去报告洞山禅师。

洞山禅师好像早已一切了然,说道:"他虽然是往生了,但是却比我慢了30年。"

有这样一则故事:

乞丐很早便出门了,当他把米袋从右手换到左手,正要吹一下手上的灰尘时,一颗大而晶莹的露珠掉到了他的掌心上。

乞丐看了一会儿,将手掌递到唇边,对露珠说:

"你知道我将做要什么吗?"

"你将会把我吞下去。"

"看来你比我更可怜,生命操纵在别人手中。"

"你说错了,我的思想里没有'可怜'这两个字。我曾经滋润过一朵很大的丁香花蕾,并让她美丽地绽放,为这世间增添了一抹艳丽。现在我又将滋润另一个生命,这是我最大的快乐和幸福,我此生无悔。"

生死皆是禅,生时能了悟生之意义,能以"一口吞尽虚空"的气魄对己对人,生便是悟,死时能无怨,无碍一身清风正气。死才能了却一切痴怨,自由来去。及时了悟,当可及时摆脱这尘世的恩怨循环,让身心潇洒自在。

人这一生,若能做到生时无怨,死时无悔,即谓不枉此生。

第四篇 名利之下，几多腐骨
——世人贪痴重名利，我求平生刹那闲

一个人光溜溜地到这处世界来，最后光溜溜地离开这个世界而去，彻底想起来，名利都是身外物；只有尽一人的心力，使社会上的人多得他工作的裨益，是人生最愉快的事情。

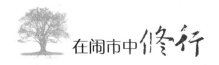

一念贪欲，自毁平生

人只一念贪私，便销刚为柔，塞智为昏，变恩为惨，染洁为污，坏了一生人品。故古人以不贪为宝，所以度越一世。

幺妹的死与莲花有关。

雪白的莲花以其无可挑剔的美，勾起幺妹势必要摘到它的决心。手伸过去，差一点；探身过去，还差一点；再慢慢向水中移一下脚，幺妹的中指刚刚触到莲花瓣。

"就差这么一点点了！"幺妹当时一定这样想，她又向前探了一下身，已没肩的水突然将她吞噬……当村民闻讯赶来时，波平水静，莲花依旧，幺妹却永远地消失了。

"莲花是妖！"幺妹的母亲说，村民也这样说——塘里已经淹死了几个莲花一样美丽的女孩。

莲花是妖，是一种诱惑，是金钱、是美色、是权势……我们常常会被莲花所俘虏，迷失了自我，失去了曾经的坚守。

相传宋仁宗年间，一个只有母子两个人的家庭，母亲年迈多病，不能干活，儿子王妄靠卖些草来维持生活，日子过得很苦。

这一天，王妄发现草丛里有一条七寸多长的花斑蛇，浑身是伤，王妄动了怜悯之心，把小蛇带回了家，小心翼翼地为它冲洗涂药。母子对蛇精心地护理，蛇的伤逐渐痊愈。一天，小蛇觉得闷在屋子里没意思，便爬到院子里晒太阳，让人意想不到的，蛇被阳光一照，变得又粗又长，有如大梁，撞见如此情景的王母惊叫一声昏死过去。等王妄回来，蛇已回到屋里，也恢复了原形，对王妄说："我今天把母亲给吓死过去了，你赶快从我身上取下三块小皮，再弄些野草，放在锅里煎熬成汤，让娘喝下去就会好。"王妄说："不行，这样会伤害你的身体，还是想别的办法吧！"花斑蛇催促着说："不要紧。"王妄只好流着眼泪照办了。母亲喝下汤后，很快苏醒过来，母子俩又感激又纳闷。

再说宋仁宗整天不理朝政，宫里的生活日复一日，觉得厌烦，想要一颗夜明珠玩玩，就张贴告示，谁能献上一颗，就封官受赏。这事传到王妄耳朵里，回家对蛇一说，蛇沉思了一会儿说："你对我有救命之恩，现在总算能为你做点事了。我的双眼就是两颗夜明珠，你将我的一只眼挖出来献给皇帝，就可以升官发财，老母也就能安度晚年了。"王妄听后非常高兴，就挖了蛇的一只眼睛。第二天到京城，把宝珠献给皇帝。皇帝封王妄为大官，并赏了他很多金银财宝。

西宫娘娘见了，也想要一颗，不得已，宋仁宗再次下令寻找宝珠，并说把丞相的位子留给第二个献宝的人。王妄想，我把蛇的第二只眼睛弄来献上，那丞相不就是我的了吗？于是到皇上面前说自己还能找到一颗，皇上高兴地把丞相给了他。可没想到，王妄的卫士去取花斑蛇第二只眼睛时，蛇无论如何也不给，王妄只好亲自来见蛇。蛇见了王妄直言劝道："我为了报答你，已经献出了一只眼睛，你也升官发财了，就别再要我的第二只眼睛了，人不可贪心。"王妄早已鬼迷心窍，厚颜无耻地说："我不是想当丞相吗？这事我已跟皇上说了，官也给了我，你就成全了我吧！"他执意要取第二只眼睛，蛇见他变得

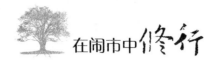

这么贪心残忍，早气坏了，就说："那好吧！你拿刀子去吧！不过，你要把我放到院子里再去取。"王妄早已急不可待，一口答应，就把蛇放到了阳光照射的院子里，转头回屋取刀子，等他出来剜宝珠时，蛇身已变成了大梁一般，张着大口冲他喘气，王妄吓的魂都散了，想跑已来不及，蛇一口就吞下了这个贪婪的人。

王妄因为贪心，永远得不到满足，终于落了个亡命的下场。

品行的修养是一生一世的事，艰难而又有些残酷，尤其古人对品行有污染者很不愿意原谅。为人绝对不可动贪心，贪心一动良知就自然泯灭，良知泯灭就丧失了正邪观念，正气一失，其他就随意而变了。俗话说，吃人家的嘴软，拿人家的手短。生活中一些人抵不住"贪"字，灵智为之蒙蔽，刚正之气由此消失。在商品社会，许多人经不住贪私之诱，以身试法。"不贪"真应如利剑高悬才对，警世而又可以救人。

权贵门中多炎凉

富贵家，且宽厚，而反忌克，如何能享？

人情的冷暖变化，权贵之家往往比贫苦人家更为明显；嫉妒的心理，在至亲骨肉之间比外人间表现得更为严重。面对这种情况，如果不能用冷静的态度予以处理，以平和的心态控制自己，那就很少有人不是天天处在烦恼的困境中了。

三国时，曹操被刘备在汉中击败，退入邺城，还没有安定下来，关羽就发动了襄樊之战。曹操拖着老病（头风病）之身，先到洛阳，又南下摩陂，得胜之后回到洛阳，已经是劳病交瘁，无心回邺城了。刚刚过了半个月，病情加重，于公元220年1月病死在洛阳，享年66岁。曹操一向提倡节俭，自然也反对厚葬。他在遗嘱中写道：

"天下尚未安定，不要遵照古代的丧葬制度行事。安葬以后，文武百官人等都要去掉丧服。驻屯各地的将士不得离开驻地。官员们恪守职位。我入殓时，要穿一般的衣服，不得用金玉珍宝陪葬。"

可是关于谁继位当魏王，要不要让儿子赶快像周武王那样当皇帝等大事，曹操到死也不说个明白。因为一来已经正式册立曹丕为王太子，继位的事有了法律依据；二来他自己知道，死了以后的事也管不了许多，还是让自己最信任的大臣去办吧。

曹操的原配丁夫人没有生儿子。刘夫人生了个儿子曹昂，在征讨张绣时为救曹操而死。后来的卞夫人一共生有四个儿子：老大曹丕，老二曹彰，老三曹植，老四曹熊。其中老二曹彰勇武善战，曹操常常让他统兵打仗，立了不少战功。老四曹熊体弱，早早地就死了。老三曹植富有文才，最得曹操和卞夫人的喜爱，曹操曾想让他继位，这自然引起老大曹丕的无限恐惧。后来近臣们以袁绍、刘表等废长立幼，引出变故的教训暗示曹操，才勉强立曹丕为王太子，不过曹丕对三弟曹植却一直放心不下。

曹操死于洛阳之时，曹丕正在邺城坐镇，临淄侯曹植在自己的封地临淄，只有曹彰带着兵马从长安赶到洛阳。来者不善，曹彰开口就问主持丧事的贾逵："我父王的玺绶现在何处？"这不明明要以武力夺取王位吗？贾逵马上板起脸来回答："家中有长子，国中有太子，您可不该问先王玺绶的事！"曹彰不过是个武夫，吓得不敢再多嘴，拥

护曹丕的大官们赶紧把曹操的灵柩运往邺城，并抢着以卞王后的名义，立曹丕为魏王。第二天，华歆也从许都拿着汉献帝命令曹丕继承魏王和汉丞相兼领冀州牧的诏书赶来了。曹丕顺顺利利地继承了父位，执掌了大权。

曹丕掌权后的第一件事就想起了三弟曹植。过去是兄弟，而现在是君臣，地位完全不同了。恰巧曹彰和另外二十几位兄弟（不是王后亲生）都来奔丧，只有曹植没来，曹丕立即以魏王的名义，命令十分忠于曹操和自己的猛将许褚带兵，连夜赶往临淄，把曹植、丁仪、丁和捉到邺城。三个人都知道性命难保。果然，曹丕先下令杀死丁仪、丁和两家的全部男子，然后，曹丕要亲自治一下曹植了。

曹植心里非常明白，只要大哥牙缝里挤出半个"死"字来，他就得和丁氏二兄弟一样了。曹丕趾高气扬地开始训斥起曹植来。他说："我和你在亲情上虽然是兄弟，可是在义理上却属于君臣！你怎么敢蔑视礼法，不来为先王奔丧？"曹植一个劲儿地叩头："我罪该万死，罪该万死！"曹丕继续威严地说："先王在世的时候，你常拿着自己的文章在人们面前夸耀，我很怀疑是不是别人代你写的。我现在限你在七步之内吟诵出一首诗来。你如果真能七步成诗，我就免你一死。如果不能，就要重重治罪，绝不宽恕！"曹植是有真文才的人，这当然难不倒他。他抬起头来说："请大王出题。"曹丕说："我和你是兄弟，就以我们兄弟为题赋诗，但诗中不准出现'兄弟'的字样。起来试试吧！"曹植站起身来，慢慢走不到七步，诗已顺口而出：

煮豆燃豆萁，豆在釜中泣。

本是同根生，相煎何太急！

曹丕一听不要紧，泪水不觉涌出了眼眶。曹植明明是把哥哥比作豆萁，把自己比作豆子。要燃豆萁来煮豆子，这不正像曹丕要杀害曹植一样吗？这时一直躲在里面的卞太后也痛不欲生地出来，哭着说："当哥哥的为什么要这样狠心逼弟弟呀！"

或许有人要说，曹操虽未荣登九五，但其子嗣势必取汉而代之，继魏王位，则意味着他日君临天下。面对这种诱惑，即便贤如唐太宗，亦不免同室操戈，况寻常人乎？其实，这并不在于诱惑的大小，而在于为人有没有该有的气度与雅量。生活中，很多人为了贪求多一点点的利益和多一点点的公平，即与亲人争得面红耳赤，不欢而散。仔细想想，这样的事情在我们身边发生的还少吗？

有这样一个故事，说是有一个富翁，得了重病，知道自己将不久于人世，就把两个儿子唤到床前说："我死了以后，你们兄弟二人将财产平分，不要争夺……"

话未说完，富翁就去世了。

兄弟二人望着万贯家财，心生贪念，将父亲的话抛之脑后，开始你争我夺。可无论怎样分配，二人始终都无法达成一致意见。

这时，一位老人对他们说道："让我来教你们如何把东西平均分成两份吧！你们只要把所有财物通通从中间切成两份就成了！"

二人听完后，异口同声地说道："真是好方法！"

于是，他们迫不及待地取出衣服、碗盘、花瓶、钱币等家产，将它们从中间，小心谨慎地分成两半，包括房子。

转眼间，万贯家财，变成了一堆堆破铜烂铁。

遗产本就非自己劳动所得，既是一奶同胞的骨肉至亲，谁多一点、谁少一点又有何妨？遗憾的是，世间总是有一些"蠢人"，他们从不肯多让一分利给别人，结果自己也得不到什么。

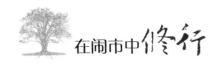
生于权贵之家，往往会为了争权夺利而父子交兵或兄弟阋墙。人往往是有了钱还想要更多些，有了权还想要更大些；以致生活中终日钻营处处投机的小人，像苍蝇一样四处飞舞，个人的私欲总处于成比例的膨胀状态。如此现实，的确需要人们提高修养水平，用理智来战胜私欲物欲，否则亲情将何在？

人生苦短，何为名利所累

石火光中争长竞短，几何光阴？蜗牛角上较雌论雄，许大世界？

人若终日背负名利于心，试问何处盛装快乐？若整日尔虞我诈，试问快乐从何而言？若患得患失，阴霾不开，试问快乐又在哪里？若心胸狭隘，不懂释然，试问快乐何处寻找？

某富翁身背诸多金银，四处寻找快乐。然行遍万水千山，却仍不知快乐为何物。

这日，富翁在林边歇脚，恰逢一柴夫打此经过，于是富翁问道：

"我空有万贯家财，为何却没有快乐？请问如何才能找到快乐呢？"

柴夫卸下肩头的一大捆柴，一边擦汗一边回答："对我来说快乐很简单，你看，放下了就会轻松，就会快乐。"

富翁茅塞顿开：自己身背大量金银，生怕会有闪失，整日提心吊胆，又何来快乐呢？于是，富翁决定广结善缘，广散钱财，让那些需要救济的人都能喜笑颜开，而这样一来，他竟也尝到了快乐的滋味。

面对得与失、顺与逆、成与败、荣与辱，我们要坦然视之，不必斤斤计较，耿耿于怀。否则，只会让自己活得很累。

　　惠子当梁国的宰相时，有一次庄子去看他，因为二人一向友情很深。庄子来了以后，有人在背后对惠子说："庄子这次来，是想取代您宰相的位置，您小心点！"

　　惠子一听便担心了。决定先下手为强，捉拿庄子，以除后患。可是在全国搜捕了三天，始终没发现庄子的影子。当惠子放下心来依旧当他的宰相时，庄子却来求见。原来庄子并没逃走，只是藏起来了。

　　庄子对惠子说："南方有一种像凤凰一类的鸟。它从南海飞到北海，不是梧桐不栖身，不是竹子的果实不吃，不是甘美的泉水不喝。就在这时，一只老鹰抓到了一只腐烂的死老鼠，它从老鹰的身边走过，老鹰便紧张起来，仰头大叫一声。"

　　听庄子讲完，惠子面红耳赤，不知说什么好。

　　还有一次，庄子在濮河上钓鱼，楚威王派两个大夫前来，带着楚威王的亲笔信，要请庄子去当楚国的宰相。两个大夫客气地转达楚威王的问候："大王想拿我们国家的事麻烦您，请不要推却！"

　　庄子只自顾自地钓鱼，手里拿着钓竿，眼睛盯着水面，对两位大夫的恭敬与楚王的盛情，一点也不理睬。最后庄子说："我听说楚国有一只神龟，已经死了三千年。楚王把它的遗体，用竹箱子装着，用丝巾盖着，珍藏在庙堂里。您二位说说，这只龟，是愿意死了以后，留下骨头让人珍惜呢，还是宁愿活着，在沼泽中摇头摆尾呢？"

　　两位楚大夫答道："那当然是愿意活着，在沼泽里摇头摆尾了。"

　　庄子大笑道："那好，你们回去吧。我愿意活着，在沼泽里摇头摆尾，自由自在。"

人处于世间，如果能以宇宙和历史的眼光来看待人生，会深感人生之渺小，生命之短暂。以此而言，斗胜争强、求名夺利意义何在？如此就会生活得更好吗？苏东坡说："西望夏口，东望武昌，山川相缪，郁乎苍苍，此非孟德之困于周郎者乎？方其破荆州，下江陵，顺流而东也，舳舻千里，旌旗蔽空，酾酒临江，横槊赋诗，固一世之雄也，而今安在哉！"

可留意于物，不可流连于物

人之求利，情理之常，但君子爱财，应取之有道，如果一味地强取豪夺，贪婪成性，只能遭人唾弃。

人人都有喜好，但过分痴迷于某一事物则不可取，不能让诱惑自己的东西太杂太多，因为它往往会成为对手击败你的契机。

托尔斯泰曾说过："欲望越小，人生就越幸福。"这话蕴涵着深刻的人生哲理。它是针对欲望越大人越贪婪，越易致祸而言的。"身外物，不奢恋"，这是思悟后的清醒。谁能做到这一点，谁就会活得轻松，过得自在。

老将军横刀立马，运筹帷幄，屡破强敌，威名远播。他一生淡泊名利，却唯独对瓷器青睐有加，几近痴迷。敌国谋士探得老将军这一嗜好以后，计上心头，决定借此做些文章。

谋士千方百计透过第三方让老将军得知，不远处的一座寺庙，主持为修葺佛堂正在出售多年收藏的瓷器,且件件都是稀世珍品。老将军闻听此讯,立即丢下军务,兴冲冲地奔赴寺庙,结果自然是高兴而去,扫兴而归。更可气的是,就在老将军离开的这段时间,敌人乘机攻下了一座城池。

回城后,老将军愤怒不已,他出神地望着手中的一件瓷器,思索着城池陷落的前后。突然,瓷器自手中滑落,多亏老将军反应迅速,在落地之前牢牢地将瓷器抓在手中,身上已然惊出了冷汗。老将军心想:"我率领千军万马往来于敌阵之间,从未有过一丝惧怕,没想到一件小小的瓷器竟将我吓成这般模样。"想着想着,老将军扬起手,将瓷器狠狠地摔在了地上。

其实,老将军在摔碎瓷器的同时,也摔碎了自己的痴念。做人,若想掌控欲望,就必须要持有一颗平常心,在掌控住欲望的同时,也就意味着我们锁住了贪婪。

有一个老锁匠,技艺高超,一生修锁无数,为人正直。但是,时间不饶人,老锁匠老了,为了不让绝技失传,他挑中了两个年轻人,准备将技艺传给他们。没过多久,两个年轻人都学会了不少东西。可按规定,两个人中只有一人能得到真传,老锁匠决定对他们进行一次考试。

于是,老锁匠准备了两个保险柜,分别放在两个房间,让两个徒弟各自去开。结果大徒弟不到十分钟就打开了保险柜,可二徒弟却用了半个小时,大家都为大徒弟的高超技艺喝彩。

老锁匠问大徒弟:"保险柜里装的是什么?"

大徒弟眼中放出了光彩:"师傅,里面有许多钱,全是百元大钞。"

老锁匠又问二徒弟:"你说,保险柜里装的是什么?"

二徒弟支吾了半天,说:"师傅,我没看见里面是什么,您只让

我打开锁。"

老锁匠非常高兴，郑重地宣布二徒弟为接班人。

大徒弟不服气，大家也感到不解。

老锁匠微微一笑，说："不论干什么行业，都要讲求一个'信'字，特别是我们这一行，必须做到心中只有锁而无其他，对钱财更要视而不见，心上要有一把永远不能打开的锁啊。"

是啊！人生何尝不是如此，每个人心中都应有一把锁，锁住一切贪欲和私念，这样在我们的人生旅途中，才会光明磊落。一旦随意打开它，那我们还有什么可以锁住？放下心中的锁，你就为自己的心灵打开了一片广阔的天空。

明末清初有一本叫作《解人颐》的书，书中对"欲望"有一段入木三分的描述：

终日奔波只为饥，方才一饱便思衣。

衣食两般皆俱足，又想娇容美貌妻。

娶得娇妻生下子，恨无田地少根基。

买到田园多广阔，出入无船少马骑。

槽头拴了骡和马，叹无官职被人欺。

当了县丞嫌官小，又要朝中挂紫衣。

若要世人心里足，除是南柯一梦西。

由此可见，"人心不足蛇吞象"不是一句空言。做人如果控制不住自己的欲望，就要成为欲望的奴隶，最终要被欲望所湮没。人之求利，情理之常，但君子爱财，应取之有道，如果无视社会法律、规则、道德，一味地强取豪夺，贪婪成性，只能遭人唾弃。锁住贪欲，放下贪婪，会让你活得更轻松、更坦然。

有一个专做老红木家具生意的古董商，在一个偏僻的小山村里，无意间发现了一个十分珍贵的老式红木旧柜子。他惊喜万分，但过后不久，古董商开始动了心思。他先是与柜子的主人闲扯聊天，然后又假装在不经意间、小心翼翼地扯到了柜子上。随后，开价500元人民币准备购买。

　　山里人从来没有见过这么多钱，他把古董商看得直发毛。最后，山里人终于同意了，古董商一颗"怦怦"乱跳的心才算稳了下来。

　　但他马上又开始后悔了。原来，当看到山里人这么爽快地答应下来，他就觉得自己吃亏了，"根本就不应该出500元，也许300元足够了"。但是，还不能反悔，这样很容易让对方看出破绽。于是，古董商不死心地围着房前屋后细细琢磨。

　　真巧，居然找到了一把脏兮兮的红木椅子！他对主人说："这个柜子实在太破了，拿回去也修不好，只能当柴火烧。"

　　山里人喃喃道："要不，你就别要了。"

　　古董商非常大度地一挥手："说出的话，怎能随便咽回去？这样吧，你干脆把那把椅子也送给我算了。"

　　山里人本来就有些自感惭愧，听他这样说，当然感激地连忙点头。

　　古董商笑道："那我明天早上再来取这些柴火。"

　　第二天一早，当古董商带着车来装运柜子和椅子时，看到门前有一堆柴火，山里人走出来说：

　　"您大老远的来一趟不容易，我已经替您把柴火劈好了。"

　　"后来呢？"有人问古董商。

　　古董商非常平静地从书架上取出一根木头。用右手做了一个"八"字形，原来，除了500元木头款外，还支付了300元的劈柴费。

停了一会儿，古董商非常认真地说："其实，这 800 元应该算学费，因为从此我知道了过分贪婪将意味着什么。"

欲望，人皆有之。欲望本身并非都不好，但是欲望一旦无度，变成了贪欲，人也就变成了贪欲的奴隶。贪婪是灾祸的根源。过分的贪婪与吝啬，只会让人渐渐地失去信任、友谊、亲情等；物欲太盛造成灵魂变态，精神上永无快乐，永无宁静，只能给人生带来无限的烦恼和痛苦。

因此，我们每个人都要懂得控制自己的欲望，善待财富，切忌吝啬与贪婪；还要自由地驾驭外物，将钱财用之于正道，凭借自己的才能智慧赚取钱财，去助人成就好事。

佛家有云："钱财乃身外之物。"生不带来，死不带去；得之正道，所得便可喜，用之正道，钱财便助人成就好事。如果做了守财奴，一点点小钱也看得如性命，甚至为了钱财忘了义理，为一已得失不惜毁了容颜丢掉性命，那也就是为物所役，那"倒不如无此一物"了。所以前人说，人这一生可留意于物，但绝不可流连于物，更不可为物所役，可见，锁住贪欲是非常必要的。

黄金未为贵，安乐值钱多

金钱永远只能是金钱，而不是快乐，更不是幸福。

有钱固然是好，但是大量的财富却是桎梏。如果你认为金钱是万能的，你很快就会发现自己已经陷入痛苦之中。我们应该把自己放在生活主人的位置上，让自己成为一个真正的、完善的人。只有一个懂得享受生活情趣的人，才能让幸福快乐长久地洋溢在心间。

很久以前有一个财主，生意做得特别大，每日算计、操心，有很多烦恼。挨着他家的高墙外面，住了一户并不十分富有的人家，夫妻俩以做烧饼为生，却有说有笑，幸福美满。

财主的太太心生嫉妒，说道：“我们还不如隔壁卖烧饼的两口子，他们尽管不富有，却活得非常快乐。”财主听了，便说：“这个很容易，我让他们明天就笑不出来。”于是，他拿了一锭五十两重的金元宝，从墙上扔了过去。那夫妻俩发现地上不明不白地放着一个金元宝，心情立即大变。

第二天，夫妻俩商议，如今发财了，不想再卖烧饼了，那干点儿什么好呢？一下子发财了，又担心被别人误认为是偷来的。夫妻俩商量了三天三夜，还是找不到最好的办法，觉也睡不安稳，当然也就听不到他们的说笑声了。

财主对他的太太说：“看！他们不说笑了吧？办法就是这么简单。”

“金钱永远只能是金钱，而不是快乐，更不是幸福。”这是希尔的一句名言。假如一个人只盯着金钱，那么他很容易就会掉进金钱的陷阱里。我们都要小心控制自己对金钱的欲望，在生活中，没有钱什么事情也不好办，但是如果有了钱而不去合理地花销，也是一文不值。

我们要做金钱的主人，不要被金钱所奴役！换句话说，就是不要被金钱束缚。钱只有在使用时，才会产生它的价值，假如放着不用，就根本毫无意义。一个人一旦钻进钱眼儿里，就是把自己送进了陷阱。人生需要金钱，更需要快乐，有了金钱也许会有更多的快乐，但用快

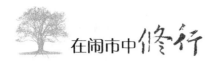

乐去换取金钱可能就不值得了。生活中除了金钱还有其他更有意义的事情，不要一心想着钱，有时候金钱也是有毒的。

1936 年，美国好莱坞影星利奥·罗斯顿一次在英国演出时，因患心肌衰竭被送进了伦敦一家著名的医院——汤普森急救中心，因为他的疾病起因于肥胖，当时他体重 385 磅，尽管抢救他的医生使用了当时医院最先进的药物和医疗器械，但最终还是没有能够挽留住他的生命。他在临终时不断自言自语，一遍遍重复道："你的身躯很庞大，但你的生命需要的仅仅是一颗心脏。"

汤普森医院的院长为一颗艺术明星过早地陨落而感到非常伤心和惋惜，他决定将这句话镌刻在医院的大楼上，以此来警策后人。

1983 年，美国的石油大亨默尔在为生意奔波的途中，由于过度劳累，患了心肌衰竭，也住进了这家医院，一个月之后，他顺利地病愈出院了。出院后他立刻变卖了自己多年来辛苦经营的石油公司，住到了苏格兰的一栋乡下别墅里去了。1998 年，在汤普森医院百年庆典宴会上，有记者问前来参加庆典的默尔："当初你为什么要卖掉自己的公司？"默尔指着镌刻在大楼上的那句话说："是利奥·罗斯顿提醒了我。"

后来在默尔的传记里写有这样一句话："巨富和肥胖并没有什么两样，不过是获得了超过自己需要的东西罢了。"

的确，多余的脂肪会压迫人的心脏，多余的财富会拖累人的心灵。因此，对于真正享受生活的人来说，任何不需要的东西都是多余的，他们不会让自己去背负这样一个沉重的包袱。人如果想活得健康一点儿、自在一点儿，任何多余的东西都必须舍弃。金钱对某些人来说，可能很重要，但对某些人来说，一点儿也不重要。不要做金钱的奴隶，金钱不是万能的，它不能买到世间的一切。

小山次郎是一个地道的农夫，他终日守在自己的土地上辛勤地耕耘着，日出而作，日落而息，虽然生活并不富裕，但是不愁温饱，日子倒也过得和美快乐。有一天晚上，他梦见自己得到了 10 锭金子，他从笑声中醒来后，并没有把这个梦放在心上。

可意想不到的是，第二天，小山次郎在耕地的时候，竟然真的挖出了 5 锭金子，他的妻子和儿女们都兴奋不已。可他从此后却变得闷闷不乐，整天心事重重，家人问他为什么现在有钱了，反而不高兴了呢？小山次郎回答说："我整天都在绞尽脑汁地思考：另外 5 锭金子到底在哪儿呢？"

庆幸得到了金子，却失去了生活的快乐，有时真正的快乐是和金钱无关的。"人为财死，鸟为食亡"，如果把钱财看得太重，结果往往是对自己无益的。最终金钱不但不是为自己服务，自己反而被金钱所奴役。

其实生活的心态是一柄双刃剑，我们通常把拥有财产的多少、外表形象的好坏看得过于重要，用金钱、精力和时间去换取一种令外界羡慕的优越生活和无懈可击的外表，自己却丝毫没有察觉自己的内心在一天天地枯萎。

任何时候我们都不可远离生活中的真善美，不能被金钱所奴役，必须保持一颗不被铜臭所玷污的心，这样才能永远与快乐同行。否则，对金钱和财富的欲望会驱使我们坠入痛苦的深渊。

金钱不应该是罪恶的根源，但如果金钱让人白天吃不香，夜里睡不着，那它就会成为戕害你的刽子手。对许多人来说，金钱不管拥有多少，总觉得还是不够，这就是过于贪婪了，太不值得了。

幸福和快乐原本是精神的产物，试图通过增加物质财富而获得它们，岂不是缘木求鱼？当我们为了拥有一辆漂亮小汽车、一幢豪华别墅而加班加点地拼命工作，每天半夜三更才拖着疲惫的身体回到家里；为了涨一次工资，不得不默默忍受上司苛刻的指责，日复一日地赔尽笑脸；为了签更多的合同，年复一年日复一日地戴上面具，强颜欢笑……以至于最后回到家里的是一个孤独苍白的自己，长此以往，终将不胜负荷，最后悲怆地倒在医院病床上的，一定是一个百病缠身的自己。此时此刻，我们应该问问自己：金钱真的那么重要吗？有些人的钱只有两样用途：壮年时用来买饭吃，暮年时用来买药吃。

人生苦短，不要总是把自己当成赚钱的机器。一生为赚钱而活着是非常悲哀的，学会把钱财看得淡些，不要一味地去追求享受。

要做金钱的主人，不要做金钱的奴隶，最有效的办法是用自己的双手创造财富的同时，不妨多一点休闲的念头，不要忘了自己的业余爱好，不妨每天花点时间与家人一起去看场电影，去散散步，去郊游一次……如果这样，生活将会变得丰富多彩，富有情趣；心灵会变得轻松惬意，自由舒畅；生命会变得活力无限。

北邙荒冢无贫富，玉垒浮云变古今

钱财身外物，悭贪难受益；纵积千万亿，身死带不去。

自然界的沧桑陵谷、沧海桑田，万物的生老病死，冥冥中自有注定，一切尽在生住异灭之中。你看那果子似未动，实则时刻皆在腐朽之中。纵使是人类赖以生存的地球，再历亿万年之久，也终将毁灭。名利、地位、金钱，莫不如是。既如此，我们又何必为物欲所累，惶惶不可终日呢？须知，纵使金银砌满楼，死去何曾带一文？

相传很早以前有一个国王。他非常贪心，拼命聚敛财宝，企望把财宝带到他的后世去。他心想：我要把全国的珍宝都收集起来，一点儿都不留。因为贪婪，他把自己的女儿关在城楼上，吩咐奴仆说："如果有人带着财宝来求见我的女儿，把这个人连他的财宝一起送到我这儿来！"他用这样的办法聚敛财宝，全国没有一个地方会留有宝物，所有的财宝都进了国王的仓库。

那时有一个寡妇，她只有一个儿子，心中很是疼爱。这儿子看见国王的女儿姿态优美，容貌俏丽，很是动心。可他家里穷，没法结交国王的女儿。不久，他生起病来，身体虚弱，气息奄奄，他母亲问他："你害了什么病，病成这样？"

儿子把实情告知母亲："如果不能和国王的女儿交往，我必死无疑。"

"但国内所有的财宝都被国王收去了，到哪去弄钱呢？"母亲又想了一阵，说道："你父亲死时，口中含了一枚金币，如果把坟墓挖开，可以得到那枚金币，你用它去结交国王的女儿吧。"

儿子依母亲所言，挖开父亲的坟墓，从口中取出金币。随后，他来到国王女儿那里。于是乎，他连同那枚金币被送去见国王。国王问道："国内所有的财宝，都在我的仓库里，你从哪里得来这枚金币？一定是发现地下宝藏了吧！"

国王用尽种种刑具，拷问寡妇的儿子，想问出金币的来处。寡妇

的儿子辩解："我真没有发现地下宝藏。母亲告诉我，先父死时，放过一枚金币在口中，我就去挖开坟墓，取出了这枚金币。"

于是，国王派人去检验真假。使者前去，发现果有其事。国王听到使者的报告，心想：我先前聚敛这么多宝物，想把它们带到后世。可那个死人却连一枚金币也带不走，我要这些珍宝又有何用？

从此，国王不再敛财，一心教化民众，他的国家也因此日渐兴盛。

为人，应淡看富与贵。要知道，有所求的乐，如腰缠万贯，乃至一国之尊的富贵，是混沌和短暂的；无所求的乐，即"身心自由无欲求"的富贵心态，才是一种纯粹和永恒的乐。人生中真正有价值的，是拥有一颗开放的心，有勇气从不同的角度衡量自己的生活。那样，你的生命才会不断更新，你的每一天都会充满惊喜。

有这样一个富翁，他为了让自己那整日精神不振的孩子懂得知福、惜福，便将其送到当地最贫困的村落住了一个月。一个月后，孩子精神饱满地回来，脸上并没有带着任何的不悦，这让富翁感到很不可思议。

他想知道孩子有何领悟，便问儿子："怎么样？现在你应该知道，不是每个人都能像我们过得这样好吧？"

儿子说："不，他们的日子比我们过得好。我们晚上只有电灯，而他们有满天星星；我们必须花钱才可以买到食物，而他们吃的是自己栽种的免费粮食；我们只有一个小花园，可对他们来说，山间到处都是花园；我们听到的是城市里的噪音，他们听到的却是大自然的天籁之音；我们工作时精神紧绷，他们一边工作一边哼着歌；我们要管理佣人、管理员工，有操不完的心，他们只要管好自己；我们要关在房子里吹冷气，他们却能在树下乘凉；我们担心有人来偷钱，他们没什么好担心的；我们老是嫌饭菜不好吃，他们有东西吃就很开心；我们常常无故失眠，他们每夜都睡得很香……"

人生的价值究竟应怎样诠释？相信每个人心中都有一个答案。但事实上，金钱绝不是衡量人生的标准，为金钱而活只是愚人的行径，智者追求的财富除了金钱以外，还包括健康、青春、智慧等……

一位老人在小河边遇见一位青年。

青年唉声叹气，满脸愁云惨雾。

"年轻人，你为什么如此郁郁不乐呢？"老人关心地问道。

青年看了老人一眼，叹气道：

"我是一个名副其实的失败者。我没有房子，没有老婆，更没有孩子；我也没有工作，没有收入，饥一顿饱一顿地度日。老人家，像我这样一无所有的人，怎么会高兴得起来呢？"

"傻孩子，"老人笑道，"其实你不该心灰意冷，你还是很富有的！"

"您说什么？"青年不解。

"其实，你是一个百万富翁呢。"老人有点儿诡秘地说。

"百万富翁？老人家，您别拿我这穷光蛋寻开心了。"青年有些不高兴，转身欲走。

"我怎么会拿你寻开心呢？现在，你回答我几个问题。"

"什么问题？"青年有点儿好奇。

"假如，我用20万元买走你的健康，你愿意吗？"

"不愿意。"青年摇摇头。

"假如，现在我再出20万元，买走你的青春，让你从此变成一个小老头儿，你愿意吗？"

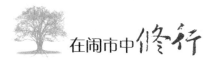

"当然不愿意!"青年干脆地回答。

"假如,我再出20万元,买走你的容貌,让你从此变成一个丑八怪,你可愿意?"

"不愿意!当然不愿意!"青年头摇得像个拨浪鼓儿。

"假如,我再出20万元,买走你的智慧,让你从此浑浑噩噩,了此一生,你可愿意?"

"傻瓜才愿意!"青年一扭头,又想走开。

"别急,请回答我最后一个问题,假如我再出20万元,让你去杀人放火,让你失去良知,你愿意吗?"

"天哪!干这种缺德事,魔鬼才愿意!"青年愤愤然。

"好了,刚才我已经开价100万,却仍买不走你身上的任何东西,你说,你不是百万富翁,又是什么?"老人微笑着问。

青年恍然大悟,他笑着谢过老人的指点,向远方走去。

从此,他不再叹息,不再忧郁,微笑着寻找他的新生活。

试问,如果有人出价100万,要买走你的健康、你的青春、你的人格、你的尊严、你的爱情……你愿意吗?相信你一定会断然拒绝。如此说来,我们都是很富有的呢!

是的!此时的我们都是富人,因为我们已经意识到,物质上的富有只是一种狭隘、虚浮的富有,而心灵上的富有,才是真正的富有。人生的真正价值应在于,你能否利用有限的精力,为这世界创造无限的价值。一如露珠,若在阳光下蒸发,它只能成为水汽;若能滋润其他生命,它的价值就得到了升华,这才是真正的价值所在!

第五篇

物锈则坏，人妒则败

——君子不因嫉毁人，智者不因妒自贬

其实，嫉妒的产生，本应能够促进良性竞争，从这个意义上说："嫉妒是一种很伟大的存在。"但是，因嫉妒而采取如此积极态度和行为的人实在太少，因嫉妒大量引发的是对立、仇视、攻击和破坏。古往今来，因嫉妒导致的悲剧不在少数。无怪乎巴尔扎克发出感叹："嫉妒潜伏在心底，如毒蛇潜伏在穴中。"

智者不因妒自贬

嫉妒犹如一只苍蝇，经过身体的一切健康部分，而停止在创伤的地方。

嫉妒是一种极端情绪，是内心失衡的一种表现，每个人或多或少都会有点嫉妒心理，关键看你如何去把握，如何去控制。一旦嫉妒心理失控，不但难以有所建树，还会让自己活得疲惫不堪。

一切嫉妒之火，都是从燃烧自己开始。嫉妒者内心充满痛苦、焦虑、不安与怨恨，这些情绪久久郁积于内心，就会导致内分泌系统功能失调，心血管或神经系统功能紊乱，甚至破坏消化系统、血液循环系统的正常运行，会使大脑皮层下丘脑垂体激素、肾上腺皮质类激素分泌增加，使血清素类化学物质降低，引起多种疾病，如神经官能症、高血压、心脏病、肾病、肠胃病等，从而影响身心健康。所以说，嫉妒不仅是我们成功的障碍，更是我们健康的杀手，自你将嫉妒种在心里的那一刻起，你的幸福感就将逐渐消失了。

在我国，因嫉自殒，贻笑千古的当首推"周郎"了。

东汉末年，官渡一役令曹操声威大震，日益强盛起来。他先灭河北袁绍，又以不可阻挡之势先后灭掉几个大小诸侯，将刘备赶得几乎无处存身，最后又盯上了虎踞江东的孙权。曹操势大，诸葛亮遂提出联孙抗曹之论，刘备然之。于是，诸葛亮只身入东吴，舌战群雄、智激孙权，终与东吴结盟。

诸葛亮在吴期间，东吴都督周瑜妒诸葛亮之才，一心想将其剪除以绝后患，但均被诸葛亮洞察先机一一化解，由此妒意更深。

赤壁一战，凭诸葛亮、周瑜之智，得庞统、徐庶相助，火烧连环船，杀得曹军尸横遍野、血染江河，若不得关羽华容道义释，几近无一生还。得意之余，周瑜欲乘胜而进，吞并曹操在荆州的地盘，谁知却被诸葛亮捷足先登。周瑜不甘，意欲强攻，又被赵云射回，自己还中了一箭。

此后，东吴几次追讨荆州均无功而返，周瑜不禁心生一计，与孙权密谋假嫁妹，赚刘备入东吴，再图之。可惜，此计又未能逃过诸葛亮的眼睛，他授予赵云三个锦囊，最终使得周瑜"赔了夫人又折兵"。

终于，周瑜按捺不住，欲"借道伐虢"，一举灭掉刘备，却被深谙兵法的诸葛亮挡回，并书信一封讥讽周瑜。周瑜原本气量狭小，三气之下终于长叹一声"既生瑜，何生亮"，追随孙策而去。

有历史学家提出，诸葛亮与周瑜平生并无交集，这是罗贯中先生为神化诸葛亮而杜撰的情节。史实如何，我们且不去管它，然周瑜的一句"既生瑜，何生亮"却一直受到君子们的诟病，其原因就在于他没有一个正确的心态。面对才高于己的人，他不去谦虚讨教，以求他日赶超诸葛亮，反而去嫉妒、去陷害，最终负了孙策昔日之托，大业未成便撒手人寰。

嫉妒心强的人，一般自卑感都比较强，没有能力、没有信心赶超先进者，但却又有着极强的虚荣心，不甘心落后，不满足现状，所以看到一个人走在他前面了，他眼红、痛恨；另一个人也走在他前面了，他埋怨、愤怒、说三道四；第三个人又走在他前面了，他妒火上升、坐立不安……一方面，他要盯住成功者，试图找出他们成功的原因；另一方

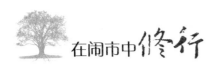

面，嫉妒又使得他心胸狭窄，戴着有色眼镜去看待别人的成功，觉得别人成功的原因似乎都是用不光彩的手段得来的，因而便想方设法去贬低他人，到处散布诽谤别人的谣言，有时甚至会干出伤天害理的事情来。这样做的结果，不但伤害了别人，同时也贬低了自己的人格，毁掉了自己的声誉，事后又难以避免地陷进自愧、自惭、自责、自罪、自弃等心理状态之中，为此夜不成眠，昼不能安，自己折磨自己。

很明显，嫉妒人正是因为己不如人。那么，我们为何不将嫉妒化作一种动力，借助这股动力去弥补自身的不足，赶超比你强的人呢？将嫉妒升华为良性竞争行为，嫉妒者会奋发进取，努力缩小与被嫉妒者之间的差距；而被嫉妒者面临挑战，一般也不会置若罔闻，为保持和发展自己的优势地位，他们会选择迎接挑战，从而强化竞争。也就是说，嫉妒可能会引发并维持一种现象，在良性竞争过程中，嫉妒双方一变而为竞争的双方，互相促进，共同优化。

若想摆脱嫉妒的控制，重拾快乐，成就一个卓越的人生。从现在开始，你就必须唤醒自己的积极嫉妒心理，勇敢地向对手挑战。积极的嫉妒心理必然产生自爱、自强、奋斗、竞争的行动和意识。当你发现自己正隐隐嫉妒一个各方面都比自己优秀的同事时，你不妨反问自己——这是为什么？在得出明确结论以后，你会大受启示：要赶超他人，就必须横下一条心，在学习和工作上努力，以求得事业成功。你不妨借助嫉妒心理的强烈超越意识去发奋努力，升华嫉妒之情，建立强大的自我意识，以增强竞争的信心。

你应该时刻提醒自己：嫉妒别人就证明自己不如别人，是在贬低自己，你为什么要做这种傻事呢？其实根本无须嫉妒别人，将精力、时间、智慧集中起来做好自己的事情，你一定会从生活中得到自己的一份收获。

"嫉"实为"疾"也

嫉妒是一种恨，这种恨使人对他人的幸福感到痛苦，对他人的灾殃感到快乐。

莎士比亚曾经说过："您要留心嫉妒啊，那是一个绿眼的妖魔！"嫉妒是"心灵的疾病"，它是摧毁灵魂的毒药！

有两个重病患者同住在医院的一间病房，病房只有一扇窗。靠窗的那个病人遵从医嘱，每天坐起来一小时，以排除肺部积液，但另外一个却只能整天仰卧在床上。

两个病人天天在一起。他们互相将自己的妻子、儿女、家庭和工作情况告诉了对方，也常常谈起自己的当兵生涯、假日旅游等。此外，靠窗的那个病人每天下午坐起时，还会把他在窗外所见到的情景一一描述给同伴听，借以消磨时光。

就这样，每天下午的这一小时，就成了躺在床上那个病人的生活目标。他的整个世界都随着窗外那些绚丽多彩的活动而扩大和生动起来。靠窗的病人对他说：窗外是一座公园，园中有一泓清澈的湖水，水上嬉戏着鸭子和天鹅，还穿行着孩子们的玩具船；情侣们手挽手地在湖边的花丛中漫步，巨大的老树摇曳生姿，远处则是城市美丽的轮廓……随着这娓娓动听的描述，他常常闭目神游于窗外的美妙景色之中。

一天下午，天气和煦。靠窗的那个病人说，外面正走过一支娶亲

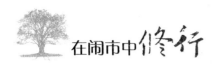

队伍。尽管他并没有听到乐队的吹打声，但他的心灵却能够从那生动的描绘中看到一切。这时，他的脑海中突然冒出了一个从未有过的想法：为什么他能看到这一切、享受这一切，而我却什么也看不见？好像不公平嘛！这个念头刚刚出现时，他心里不无愧疚。然而日复一日，他依然什么也看不见，这心头的嫉妒就渐渐变成了愤恨。于是他的情绪越来越坏了，他抑郁烦闷，夜不能寐。他理当睡到窗户旁去啊！这个念头现在主宰着他生活中的一切。

一天深夜，当他躺在床上睁眼看着天花板时，靠窗的那个病人猛然咳嗽不止，听得出，肺部积液已使他感到呼吸困难。当他在昏暗的灯光下吃力挣扎着想按下呼救按钮时，他在一边的床上注视着，谛听着，但却一动也不动，甚至没有按下身旁的按钮替他喊来医生，病房里只有沉寂——死亡的沉寂。

翌日清晨，日班护士走进病房时，发现靠窗的那个病人已经死去。护士感到一阵难过，但随即便唤来人将其抬走——既不费事，也无须哭泣。当一切恢复正常以后，剩下的那个病人说，他希望能够移到靠窗的床上。护士自然替他换了床位。把病人安置好以后，护士就转身出去了。

这时，病房里只有他一个人。他吃力地、缓缓地支起上身，希望一睹窗外的景色——他马上就可以享受到窗外的一切景色了，他早就盼望这一时刻的到来了！他吃力地、缓缓地转动着上身向窗外望去……

窗外，只有一堵遮断视线的高墙……

对美好生活的向往支撑着与病魔抗争的坚强信念，靠窗的病人一直在诉说着一个美丽的谎言，鼓励病友也鼓励自己。然而，人性的天敌——嫉妒，毁掉了这个美丽的谎言，也毁掉了这两个病人。当嫉妒的光芒强大起来时，希望之光也随之暗淡。

"嫉妒是一种恨，这种恨使人对他人的幸福感到痛苦，对他人的灾殃感到快乐。"当这种恨燃烧得猛烈时，它的力量足以毁掉一切。

村里有两个要好的朋友，他们也是非常虔诚的教徒。有一年，他们决定一起到遥远的圣山朝圣，两人背上行囊，风尘仆仆地上路了，誓言不达圣山朝圣，绝不返家。

两位教徒走啊走，走了两个多星期之后，遇见一位年长的圣者。圣者看到这两位如此虔诚的教徒千里迢迢要前往圣山朝圣，就十分感动地告诉他们："从这里距离圣山还有 7 天的路程，但是很遗憾，我在这十字路口就要和你们分手了，而在分手前，我要送给你们一个礼物！就是你们当中一个人先许愿，他的愿望一定会马上实现；而第二个人，就可以得到那愿望的两倍！"

听完了圣者的话，其中一个教徒心里想："这太棒了，我已经知道我想要许什么愿，但我绝不能先讲，因为如果我先许愿，我就吃亏了，他就可以有双倍的礼物！不行！"而另外一个教徒也自忖："我怎么可以先讲，让我的朋友获得双倍的礼物呢？"于是，两位教徒就开始客气起来，"你先讲吧！""你比较年长，你先许愿吧！""不，应该你先许愿！"两位教徒彼此推来推去，"客套地"推辞一番后，两人就开始不耐烦起来，气氛也变了："烦不烦啊？你先讲啊！""为什么我先讲？我才不要呢！"

两人推到最后，其中一人生气了，大声说道："喂，你真是个不识相、不知好歹的家伙啊，你再不许愿的话，我就把你掐死！"

另外那个人一听，他的朋友居然变脸了，竟然来恐吓自己！于是想，你这么无情无义，我也不必对你太有情有义！我没办法得到的东

西，你也休想得到！于是，这个教徒干脆把心一横，狠心地说道："好，我先许愿！我希望……我的一只眼睛……瞎掉！"

很快地，这位教徒的一只眼睛瞎掉了，而与他同行的好朋友，两只眼睛也立刻都瞎掉了！

这又何必呢？既然是好友，谁多得一点又何妨？人性中的狭隘，就像一把看不见的钢刀，不仅会刺瞎你的眼睛，还会刺瞎你的心！如果让人类的这种心态恶性循环下去，所有美好的东西都将成为嫉妒的陪葬品。这种由偏狭、自私而萌生的嫉妒显然是消极的。

我们做人，理应在别人比自己好时不去嫉妒，在别人跌倒时伸手援助，这样，你才能读懂"人"字的含义……

妒火中烧，灵魂不在

嫉妒，会使我们失去灵魂的双腿，走在人间路上，没有支柱，寸步难行。

在《培根论人生》中，有一节专为嫉妒所设，其名就是《论嫉妒》。文中这样写道："世人历来注意到，所有情感中最令人神魂颠倒的莫过于爱情和嫉妒。这两种情感都会激起强烈的欲望，而且均可迅速转化成联想和幻觉，容易钻进世人的眼睛，尤其容易降到被爱被妒者身上……自身无德者常嫉妒他人之德，因为人心的滋养要么是自身之善，要么是他人之恶。而缺乏自身之善者必然要摄取他人之恶。于是凡无望达到他人之德行境地者便会极力贬低他人以求平衡……在人类所有情感中，嫉妒是一种最纠缠不休的感情，因其他感情的发生都有特定的时间场合，只是偶尔为之；所以古人说得好：嫉妒从不休假，因为它总在某些人心中作祟。世人还注意到，爱情和嫉妒的确会使人衣带渐宽，而其他感情却不致如此，原因是其他感情都不像爱情和嫉妒那样寒暑无间。嫉妒亦是最卑劣最堕落的一种感情，因此它是魔鬼的固有属性，魔鬼就是那个趁黑夜在麦田里撒稗种的嫉妒者；而就像一直所发生的那样，嫉妒也总是在暗中施展诡计，偷偷损害像麦黍之类的天下良物。"这寥寥数百字，已将嫉妒的丑陋一面剖析得淋漓尽致，事实上，古今圣达之人，大多对嫉妒心有余悸，雷萨克就曾经说过："一个人妒火中烧的时候，事实上就是个疯子……"由此可见，当嫉妒变态以后，它对人的危害是何其之大。

鬼谷子门下弟子众多，孙膑与庞涓便是其中两位。这对师兄弟才华横溢，他二人平日关系最为要好，结为异性兄弟。但孙膑不知，此时的庞涓早已对他燃起妒火。

庞涓因建功心切，在鬼谷子处只学 3 年，便匆匆下山。君主魏惠王正在招贤纳士，庞涓闻讯去投，果然得到重用，被任命为上将军。魏王也是个求才若渴的人，他听闻庞涓的同门孙膑非常有才，就命庞涓速速将孙膑请来。心胸狭窄的庞涓妒火燃烧的更加旺盛了。最后，庞涓索性心一横——不如先将孙膑请来，然后再想法置其于死地，以绝后患。

于是，庞涓派人将孙膑请到魏国，魏王有意封他为副将。庞涓把孙膑请到自己家中留住，盛情款待。

有一天，一个自称是同乡的人给孙膑带来一封家信，这个人是庞涓派人假扮的。庞涓模仿孙膑笔迹写了一封回信，并将伪造信拿给魏

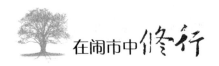

王，声言孙膑想背叛魏国。随后，庞涓又劝说孙膑不妨回齐国去看看，于是孙膑便向魏王请辞。魏王大怒，下令治孙膑的罪。

不久，庞涓来到狱中见孙膑，说他去向魏王求情，把死罪给免了，但按国法要被处以"膑刑"。孙膑受刑后成了残废，庞涓悉心照料，他对庞涓感激不已。不久，庞涓求孙膑把祖上的兵法（即《孙子兵法》）传授给他，于是，孙膑开始书写默记于心的兵法。

有一个仆人把一切偷偷告知孙膑，孙膑心生一计，开始装疯卖傻。一天，孙膑听说齐国使臣访魏，就偷偷把自己的遭遇告诉齐使，齐使决定把孙膑带回国。第二天深夜，齐使让一个随从换上脏衣服、装扮成孙膑卧于街边，而将孙膑藏在车里，带出了魏国。孙膑回国以后，马上受到重用，成为大将军田忌的军师。

公元前354年，庞涓率8万大军攻打赵国，赵国打不过庞涓就向齐国求救。齐王命田忌为统帅、孙膑为军师，出兵8万救赵。这就是历史上著名的围魏救赵之战，此战魏军大败，仅庞涓逃脱性命。

13年后，庞涓率10万大军攻打韩国，韩国向齐国求援。齐王命田忌、孙膑领兵救韩。孙膑仍然采用上一次的策略，没有直接去援助韩国，而是去攻打魏国。魏王接受了上次的教训，发现齐军的意图后马上让庞涓领兵返回，同时尽起全国之兵派太子统率，打算围歼齐军。

齐军进入魏国境内，第一天，孙膑让兵士造10万个炉灶，第二天就减为5万，第三天又减到3万。庞涓回撤后见齐军炉灶一天天减少，便认为齐军逃兵一天天增多，轻敌之心骤起。孙膑计算着庞涓第四天傍晚将到地势险要的马陵，就在这里设下埋伏。黄昏时分，庞涓果然领兵到此，山路难行，军队放慢了脚步。此时，庞涓心知中计，可为时已晚。齐军将士万箭齐发，庞涓中箭，他自知斗不过孙膑，遂拔剑自杀。

庞涓为自己的嫉妒心而失去了做人的道德，丧失了灵魂，当然，他也为此付出了生命的代价。

《佛本行集经》中有云："若人善巧解战斗，独自伏得百万人。今若能伏自己心，是名世间真斗士。"意在告诫世人，世界上最成功的将领，不是打败百万敌军的将军，而是调伏自己内在邪见恶念的魔障的圣贤。然而，说起来容易，做起来困难，我们心中的恶魔往往会在无形中占据主控地位，让我们自卑、让我们狭隘、让我们憎恨、让我们嫉妒、让我们痛苦，这心中的魔障不除，我们就永远也无法获得人格的升华以及人生的进步。

嫉妒，会使我们失去灵魂的双腿，走在人间路上，没有支柱，寸步难行。

在现实生活中，我们难免要被人超越，因为任何人都不可能具备所有的智能。我们要坦然接受自己的不完美，当有人在某一方面超过我们时，我们应该去羡慕，而不是嫉妒。因为羡慕会激发我们内心的斗志，令我们将对方当作追赶目标，从而不断提升、不断进步，这才是人生的精彩。

毁人终毁己

有嫉妒心的人，自己不能完成伟大事业，乃尽量去低估他人的伟大，贬低他人的伟大，使之与他本人相齐。

《菩萨戒本经》上说："若菩萨，为贪利故，自叹己德，毁訾他

人，是名第一波罗夷处法。"意思是说：如果菩萨为贪图名利，自己赞叹自己的德行，毁谤他人，这就是第一重罪。

有诗云：

何人百般诽谤吾，虽已传遍三千界。

吾犹深怀仁慈心，赞叹他德佛子行。

如果自己对别人没做任何伤害之事，而别人却对你作无因诽谤，并大肆宣扬，使自己臭名远扬，此时，对于修行者来说，非但不憎恨他，而是真实地慈悲他、可怜他，而且不断赞叹他的功德。但对我们一般人来说，往往是自己确实做错了，但在别人批评时，还是气得脸红脖子粗，过后还耿耿于怀，开始去对他人作无因诽谤，这对一个修行者来说是极不应该的。当遭到别人的诽谤时，可以这样多向内观自己：这是因果报应、是空谷声，是对自己修行的考验，自己不能被八风吹动，对方可能是佛菩萨的化现，即便是个凡夫我也不能对他生嗔心。因为，他已经造了恶业，非常可怜，应从心底里对他生起一个悲心，并经常赞叹他的功德，这才是大乘佛子的行为。

有一句话说得非常经典，那就是："诽谤别人，就像含血喷人，先污染了自己的嘴巴。"它的意思是说，诽谤别人的人，最终都不会有好下场。

喜欢诽谤别人的人，一个最基本的心态就是：我不能干，你也不能表现得比我能干。要是有人表现得比他们强，他们就会采取各种手段进行打压，千方百计把别人踩下去。

还有的人，由于自己思想僵化，没有聪明的头脑，自己不仅没有什么建树，反而嫉妒别人的聪明才智，把人家的劳动成果，看成别有用心，就是为了张扬自己，就是为了出风头。不仅不能够虚心向别人学习，反而到处诬陷诽谤别人，这恰恰暴露了自己的虚荣心，甚至是不良居心。

你诽谤了他人并不能提升你自己的威望，也不会由此发财，更不会由此得福。恰恰相反，被你诽谤的人会觉得你这个人过河拆桥，无中生有，人性不强。你挖空心思把精力用到诽谤别人之事上，你自己的事业就会受影响。所以说，你损害他人的同时，也损害了你自己。

人生在世，要与人为善，与人为友，不要以你的狭隘之心去度量君子之行。诽谤对于一个心底无私、光明磊落的人来讲，是没用的。

喜欢诽谤别人的人，实际上自身极不自信。与他们相处时，应该多给一些赞美，多恭维，让他们觉得很舒服。自己在创造成绩时，不要洋洋自得，而要保持谦虚谨慎的心态；总结成功时，要多强调偶然因素以及别人的帮助；适当的时候，一些容易创造成绩的机会，可以适当让给喜欢妒忌的人，让他们也有成就感。但要注意一点，忍让应该有限度，不能过于卑躬屈膝。

喜欢诽谤的人，通常是心胸狭窄的人。与他们相处时，首先还是要多赞美，构筑一个轻松的环境，猜疑很大程度上和沟通不良有关。其次，对于一些中伤和猜忌，要有理有节地进行解释，据理力争。对于恶意的诽谤，如果用沟通的方式无法解决，就得寻求行政或司法等途径了。

善意奉劝诽谤族们，收敛小人之心，定个适合于自己的人生目标，专心致志去奋斗，就会成功。别再犯浑了，人生是短暂的，精力是宝贵的，诽谤他人就是挖自己的墙根！

不要以惯于诽谤他人而知名。不要精明于怎样损人利己，因为这并不困难，只是会遭人唾弃。所有的人都会向你寻求报复，说你的坏

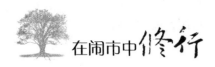

话，并且由于你孤立无援而他们人多势众，你会很容易被打败。不要对别人的不幸幸灾乐祸，也不要多嘴多舌。一个搬弄是非的人会被人们深恶痛绝。他或许可以混迹在高尚的人群中，但人们只会把他作为一个笑料，而不是作为谨慎的榜样。说人坏话的人会听到别人说他的更不堪入耳的话。

第六篇 仇扰心乱，恨令智昏
——是非憎爱世偏多，相逢一笑泯恩仇

我们淡忘了仇恨，同时也是解放了自己，与其因为愤恨而耗尽自己一生的精力，时时记着那些伤害你的人和事，被回忆和仇恨所折磨，还不如淡忘它们，把自己的心灵从禁锢中解脱出来。但凡有这个念头在，你的人生势必会少为烦恼所牵绊，你的心灵自然会愉快、轻松许多。

淡忘仇恨，解放自己

忘记仇恨，这是一个明智的做法。如果你还没有学会遗忘，你就应该要求自己，甚至是强迫自己，不去仇恨别人。

仇恨是埋在心中的火种，如果不设法将其熄灭，必然会烧伤自己。有时候，即便自己已经灼烧成灰，对方却依然毫发无伤。

很早以前，有一位宫廷画师因作画讽刺当权重臣，惨遭杀害。

多年以后，画师的儿子长大成人，他得其父遗风，在作画方面颇具几分才华。但是，因为知道那位重臣仍对当年往事耿耿于怀，为求安然，他每天只低调地在画市上以卖画为生。

无巧不成书，偶然一次，那位重臣的独子在逛画市时，偏偏看中了他的一幅画。见此，他傲慢地将画盖住，声称这是"非卖品"。看着对方失望远去的背影，一种报复的快感在他心中油然升起。

三日后，重臣亲自到访，再三请求画师的儿子将画卖给自己，并且随他定价，因为那公子为这幅画，已经不吃不喝、不眠不休地折腾三天了！画师的儿子断然拒绝，他要充分享受报复带来的快感，他感觉压制已久的仇恨终于得到了些许释放。

翌日清晨，画师儿子起床以后，照例铺纸作神像画——这是他多年养成的习惯，每日起床，必先画一尊自己所敬重的神。画着画着，他的手突然停住了。

"这神像怎么……怎么有些眼熟！可是到底像谁呢？"他停笔想了

很久,突然失声惊叫:"竟然是他!竟是我的杀父仇人!"

随即,他发疯一般将画撕得粉碎,口中大呼:"我内心的恨,最终报复了我自己!"

"恨"是一种极其狭隘的负面情绪,将仇恨埋在心中须臾不忘,就会一直遭受仇恨的折磨,时时想着"报仇雪恨",人生又怎能过得轻松?

另外,仇恨常常左右人们的理智,使人们对复杂多变的形势做出错误的分析和判断。因此有人说,一个被仇恨左右的人一定是不成熟的人。因为聪明的人一定会懂得在选择、判断时,摒除外界因素的干扰,采取理智的做法。

三国时,曹操历经艰险,在平定了青州黄巾军后,实力增加,声势大振,有了一块稳定的根据地,于是他派人去接自己的父亲曹嵩。曹嵩带着一家老小40余人途经徐州时,徐州太守陶谦出于一片好心,同时也想借此机会结纳曹操,便亲自出境迎接曹嵩一家,并大设宴席热情招待,连续两日。一般来说,事情办到这种地步就比较到位了,但陶谦还嫌不够,他还要派500士卒护送曹嵩一家。这样一来,好心却办了坏事。护送的这批人原本是黄巾余党,他们只是勉强归顺了陶谦,而陶谦并未给他们任何好处。如今他们看见曹家装载财物的车辆无数,便起了歹心,半夜杀了曹嵩一家,抢光了所有财产跑掉了。曹操听说之后,咬牙切齿道:"陶谦放纵士兵杀死我父亲,此仇不共戴天!我要尽起大军,血洗徐州。"

随后,曹操亲统大军,浩浩荡荡杀向徐州,所过之处无论男女老少,鸡犬不留。吓得陶谦几欲自裁,谢罪曹公,以救黎民于水火。然而,事情却突然发生了骤变,吕布率兵攻破了兖州,占领了濮阳。怎么办?这边父仇未报,那边又起战事!如果曹操此时被复仇的想法所

93

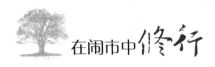

左右，那么，他一定看不出事情的发展趋势，也察觉不出情势的危急。但曹操毕竟是曹操，他是一个十分冷静沉着的人，也是一个懂得控制自己情绪的人。正因如此，他立刻分析出了情况的严重性——"兖州失去了，就等于断了我们的归路，不可不早作打算。"于是，曹操便放弃了复仇的计划，拔寨退兵，去收复兖州了。

同是三国枭雄，反观刘备，只因义弟关羽死于东吴之手，便不顾诸葛亮、赵云等人的劝阻，一意孤行，杀向东吴。最终仇未得报，又被陆逊一把火烧了七百里连营，自感无颜再见蜀中众臣，郁郁死于白帝城，从此西蜀一蹶不振。

曹操与刘备谁的仇更大？显然是曹操，曹操死了一家老小40余人，而刘备只死了义弟关羽一人。但曹操显然要比刘备冷静得多，他面对骤变的局势，思维、判断没有受到复仇心态的任何影响，所以他才能够摆脱这次危机，保住了自己的地盘和势力。

由此可见，理易清，仇则易乱。我们做人，若说尽去七情，洗净六欲，显然是不现实的，但放宽情怀，尽量避免为情绪所控制则并不是什么难事。

存爱于心，不相仇视

这世间有一种恶魔叫仇恨，你不理睬它，它便小如当初；你若在意它，它便迅速膨胀，最终堵塞你的出路。

慈心，是亲爱和好的心，希望他人有幸福，是无量心、是大丈夫心。要做什么事，都要有爱心；要说什么话，都要有爱心；要想什么事，都要有爱心。这样做，爱心会充满这世界，会使世界有福同乐、和敬同住、不相疑忌、不相仇视。这样，全世界会美好起来，一切众生，亦都是很安乐的。

我们来看一个带有寓言性质的故事。一位吃人女巫极力想追杀一位圣人的女儿和她的婴儿。当圣人的女儿知道释迦牟尼在寺院宣扬教义时，便去拜访他，并将她的儿子放在他的脚下，请求他的祝福。那位吃人女巫原本被禁止进入寺院，但在释迦牟尼的示意下，女巫也获准入内。释迦牟尼同时为吃人女巫和圣人之女赐福。

释迦牟尼说她们俩的前世中，有一人一直无法怀孕，所以她的丈夫娶了另一个女人。当大老婆知道另一个女人怀孕时，她将药放入食物中，使另一个女人流产了。她一再使用这个伎俩，直到第三次使得会怀孕的女人因此而死亡。在临死之前，那位不幸的女人在盛怒下，发誓她将报复大老婆和她的后代。

因此，她们因过去的竞争中所引发的不和，导致世世代代带着仇恨，相互残害对方的婴儿。女巫想杀死圣人之女的婴儿，只不过是深植心中的仇恨的延伸罢了。仇恨只会带来更多的仇恨，只有爱心、友谊、谅解和善心能消弭仇恨。在明了她们俩的错误后，她们接受了释迦牟尼的劝告，决定和平相处。

这个故事告诉我们这样的道理：人们若带着仇恨的心，死时仍会将仇恨带到下辈子去。

爱对他人而言是无价之宝，透过爱，我们可以给予需要爱的人温暖。爱与被爱的人，比远离爱的人幸福。我们付出越多的爱心，就会得到越多爱的回报，这是永恒的因果关系。

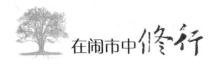

对于爱的定义因人而异，爱不是为了满足私欲而依恋某人或某物。爱应该是不间断地自我牺牲，对万物充满慈悲。

爱让人们不再相互欺骗，不再互相轻视，在愤怒或意志薄弱时，也不会相互伤害。爱就如母亲一般，即使是冒着生命危险，也会极力保护她唯一的孩子。所以，要让人们培养无止境的爱心。

爱犹如泥土，使万物生长。它丰富了人类的生命，不给予丝毫的限制和牵绊。爱提升了人性。爱无须花费分毫，爱应该是没有选择性的。或许有些人会认为爱是一种获得，但它基本上是一种付出的过程。

可惜，生活中总是有一些人不懂得爱的伟大，他们心胸狭隘，一点点小事就足以使他们心烦意乱。当别人无意中惹到他们时，他们总是抱着"以牙还牙，以眼还眼"的态度，摆出一副"寸土必争"的姿态予以还击。他们做人的原则就是绝不吃亏，但实际上这种人往往容易吃大亏。

一天，一个失意的青年走在崎岖不平的山路上，发现脚边有个袋子似的东西很碍脚，心情郁闷的他狠踢了那东西一下，没想到那东西不但没被踢破，反而膨胀起来，并成倍地扩大着。青年恼羞成怒，拿起一根碗口粗的木棍砸它，那东西竟然胀到把路堵住了。

正在这时，佛祖从山中走出来，对青年说："小伙子，别动它。它叫仇恨袋，你不犯它，它就小如当初；你侵犯它，它就膨胀起来，与你对抗到底。忘了它，离它远去吧！"

"以牙还牙，以眼还眼"，看起来矛盾的双方是势均力敌，谁都不吃亏，但当你真的以这种原则去办事时，你会发现你可能解了一时之气，但不能得到大多数人的认可和好评。所以，你的行为事实上在告诉别人你是一个度量狭小的人，那么还有谁敢靠近你呢？反之，以德报怨，不仅可以使那些对你不敬的人心生惭愧，同时还可以告诉别人你的胸怀和气度是他们无法企及的，那么在你的周围会不知不觉吸引许多有德之人。所以奉劝大家，不要做那种斤斤计较的傻事，这对你没有任何好处。

去仇恨，以远祸

仇恨的心态焚烧如同炼狱，仇恨别人，伤害的是自己，凡事要想得开，不要长久地仇恨任何人与任何事！

福祸自由数，福不可强求，只有保持愉快的心境，才是追求人生幸福的根本态度；祸不可逃避，只有排除怨恨的心绪，才是作为远离祸患的办法。

范雎，战国时期政治舞台上一位十分著名的政治家、外交家。

他原是魏国人，早年有意效力于魏王，由于出身贫贱，无缘直达魏王身边，便投靠在中大夫须贾的门下。

有一年，他随须贾出使齐国，齐襄王知范雎之贤，馈以重金及牛酒等物，范雎辞谢没有接受。须贾得知此事后，以为范雎一定向齐国泄露了魏国的秘密，非常生气，回国以后，便将此事报告了魏的相国魏齐。魏齐不问青红皂白，令人将范雎一阵毒打，直打得范雎肋断骨折，范雎装死，被用破席卷裹，丢弃在茅厕中。须贾目睹了这一幕，却不置一词，还随同那些醉酒的宾客一起至茅厕中，往范雎的身上撒尿。

范雎待众人走后，从破席中伸出头对看守茅厕的人说："公公若

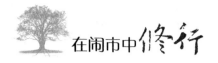

能将我救出，我以后定当重谢公公。"守厕人便去请求魏齐允许将厕中的尸体运出。喝得醉醺醺的魏齐答应了。范雎算是逃出了条活命。

范雎历尽千辛万苦，来到了秦国都城咸阳，并改名换姓为张禄。此时的秦国正是秦昭王当政，而实际上控制大权的，却是秦昭王之母宣太后以及宣太后之弟穰侯、华阳君和她的另外两个儿子泾阳君、高陵君。这些人以权谋私，内政外交政策多有失误，秦昭王完全被蒙在鼓里，形同傀儡。

但范雎看出，在当时列国纷争的大舞台上，秦国是最具实力的国家，秦昭王也不是一个无所作为的国君，他更相信，在这里，他的抱负一定能够得以施展，于是，他几经周折，终于见到了秦昭王。他以其出色的辩才、超人的谋略向昭王指出秦国内政外交政策的失误及秦昭王的处境，并提出了自己的政治见解。

秦昭王悚然而惊，立即采取果断措施，废太后，驱逐穰侯、高陵、华阳、泾阳四人于关外，将大权收归己有，并拜范雎为相。

范雎所提出的外交政策，便是闻名于后世的"远交近攻"，而他所要进攻的第一个目标，便是他的故国魏国。秦军兵临城下，魏国大恐，派出了使臣来向秦求和，这个使臣，便是范雎原来的主人须贾。不过，须贾只知道秦的相国叫张禄，而不知就是范雎，他还以为范雎早已死了。

范雎得知须贾到来，便换了一身破旧衣服，也不带随从，独自一人来到须贾的住处。须贾一见大惊，问道："范叔别来还好吗？"范雎道："勉强活着吧！"须贾又问："范叔想游说于秦国吗？"范雎道："没有。我自得罪魏的相国以后，逃亡至此，哪里还敢游说。"须贾问："你现在干什么呢？"范雎道："给别人帮工。"须贾不由起了一丝怜悯之情，便留下范雎吃饭，说道："没想到范叔贫寒至此！"同时送给他一件丝袍。

席间，须贾问："秦的相国张君，你认识吗？我听说如今天下之事，皆取决于这位张相国，我此行的成败也取决于他，你有什么朋友与这位相国认识吗？"范雎道："我的主人同他很熟，我倒也见过他，我可以设法让你见到相国。"须贾说："我的马病了，车轴也断了，没有大车驷马，我可是不能出门。"范雎说："我可以向我家主人借一辆车。"

第二天，范雎赶来一辆驷马大车，并亲自当驭手，将须贾送往相国府。进入相府时，所有的人都避开，须贾觉得十分奇怪。到了相府大堂前，范雎说："你等一下，我先进去替你通报一声。"

须贾在门外等了好久，也不见有人出来，便问守门人道："这位范先生怎么这么半天也不出来？"守门人说："没有什么范先生。"须贾说："就是刚才拉我进来的那个人呀！"守门人答道："那是张相国。"

须贾大惊失色，明白自己上当了，于是脱衣袒背，一副罪人的打扮，请守门人带他进去请罪。范雎雄踞堂上，身旁侍从如云。须贾膝行至范雎座前，叩头道："小人没能料到大人能致身于如此的高位，小人从此再也不敢称自己是读书有识之士，再也不敢与闻天下之事。小人有必死之罪，请将我放逐到荒远之地，是死是活都由大人安排！"范雎问："你有几罪？"须贾说："小人之罪多于小人之发。"范雎道："你有三大罪：我生于魏，长于魏，至今祖先坟茔还在魏，我心向魏国，而你却诬我心向齐国，并诬告于魏齐，这是你的第一大罪；当魏齐在厕中羞辱我时，你不加阻止，这是你的第二大罪；不只如此，你还乘醉向我身上撒尿，这是你的第三大罪。我今天之所以不处死你，是因为你昨天送了我一件丝袍，看来你还没忘旧情，我可以放你回去。"

从此，范雎不再追究须贾的责任，时任秦国相国的范雎和须贾淡然处之。

人生在世，应该多交朋友少树敌。常言道："冤家宜解不宜结。"多个朋友就多一条路，少了一个仇人便少了一堵墙。得罪一个人，就为自己堵住了条去路，而得罪了一个小人，可能就为自己埋下了颗不定时的炸弹。尤其是在权力场中，最忌四面树敌，无端惹是生非。纵是仇家，为避祸计，也该主动认错示好，免其陷害。要知时势有变化，宦海有沉浮，少一个对头，便多一分平安。

常行于慈心，除去恚害想

谅解犹如火把，能照亮由焦躁、怨恨和复仇心理铺就的道路。谅解可以挽回感情上的损失，谅解可以产生人生的奇迹！

《贤愚经》上说："常行于慈心，除去恚害想。"意在告诫世人：做人，一定要保持一颗慈爱的心，除去那些怨恨别人的想法。因为憎恨别人对自己是一种很大的损失。恶语永远不要出自于我们的口中，不管他有多坏，有多恶。你越骂他，你的心就被污染了，你要想，他就是你的善知识。既然我们不能改变周遭的世界，我们就只好改变自己，用慈悲心和智慧心来面对这一切。拥有一颗无私的爱心，便拥有了一切。根本不必回头去看咒骂你的人是谁？如果有一条疯狗咬你一口，难道你也要趴下去反咬它一口吗？

人是群居性生物，因此，谁都不可以孤立地生活在这个世界上。在生活中，我们很难避免不与他人之间发生摩擦，或者是不愉快的冲突，尤其是当你感受到自己遭遇到不公平的待遇的时候，你是否会对他人产生敌意呢？你是否会因此而在心里对他人怀有怨恨之心呢？

　　首先可以肯定地说，当你受到了真正的不公平待遇时，你完全有理由怨恨他人，因为你是真的受了委屈。可是，请你冷静想一想，当你怨恨他人时，你从中又得到了什么呢？事实上，你所得到的只能是比对方更深的伤害。

　　你的怨恨对他人不起任何作用，反而会因内心怨恨影响自身健康，因为你的怨愤态度使你产生了消极情绪，这种消极情绪对你的健康和性情都会产生很大的负效应，从而对你造成伤害。更为严重的是，你总是想着自己受到了不公平的待遇，总是因此而极不愉快，从而也会招致更多的不愉快。

　　想想看，你是不是应该改变自己的态度呢？你要知道，我们所受到的不公，仅仅是因为我们的心里有所欲求。如果我们不看重自己心里的这份欲求，或者把这份欲求看得很淡，那么不公又从何而起呢？

　　当然，除非有特殊的原因，你不必向那些与你之间存在着嫌隙的人表示友好，但是，如果你不愿意原谅和学会遗忘，那么你也就否认了自己是一个真正的受害者。这样一来，你对他人的怨愤也就会因此而升级，你自己所受到的伤害也同样会由此而升级。

　　一只脚踩扁了紫罗兰，它却把香味留在那脚上，这就是宽恕。

　　我们常在自己的脑海里预设了一些规定，认为别人应该有什么样的行为。如果对方违反规定，就会引起我们的怨恨。其实，因为别人

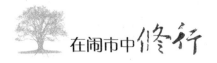

对"我们"的规定置之不理，就感到怨恨，不是很可笑吗？

大多数人一直以为，只要我们不原谅对方，就可以让对方得到一些教训。也就是说："只要我不原谅你，你就没有好日子过。"其实，倒霉的人是我们自己：一肚子窝囊气，甚至连觉也睡不好。

如果当你觉得怨恨一个人时，请先闭上眼睛，体会一下自己的感觉，感受一下自己身体的反应，你就会发现：让别人自觉有罪，你也不会快乐。

一个人爱怎么做就怎么做，能明白什么道理就明白什么道理。你要不要让他感到愧疚，对他差别不大，但是却会破坏你的生活。假如鸟儿在你的头上排泄，你会痛恨鸟儿吗？万事不由人，台风带来暴雨，你家地下室变成一片沼国，你能说"我永远也不原谅坏天气"吗？既然如此，又何必要怨恨别人呢？我们没有权力去控制鸟儿和风雨，也同样无权控制他人。老天爷不是靠怪罪人类来运作世界的，所有对别人的埋怨、责备都是人类自己造出来的。

即使是遭逢剧变所引起的怨恨，在人性中也依然可以释怀。因为如果你希望自己好好活下去，就得抛开愤怒，原谅对方。

曼德拉因为领导反对白人种族隔离的政策而入狱，白人统治者把他关在荒凉的大西洋小岛罗本岛上27年。当时曼德拉年事已高，但看守他的狱警依然像对待年轻犯人一样对他进行残酷的虐待。

罗本岛上布满岩石，到处是海豹、蛇和其他动物。曼德拉被关在总集中营一个锌皮房中，白天打石头，将采石场的大石块砸成石料。他有时要下到冰冷的海水里捞海带，有时干采石灰的活儿——每天早晨排队到采石场，然后被解开脚镣，在一个很大的石灰石场里，用尖镐和铁锹挖石灰石。因为曼德拉是要犯，看管他的狱警就有3人。他们对他并不友好，总是寻找各种理由虐待他。

谁也没有想到，1991 年曼德拉出狱当选总统以后，他在就职典礼上的一个举动震惊了整个世界。

总统就职仪式开始后，曼德拉起身致辞，欢迎来宾。他依次介绍了来自世界各国的政要，然后他说，能接待这么多尊贵的客人，他深感荣幸，但他最高兴的是，当初在罗本岛监狱看守他的 3 名狱警也能到场。随即他邀请他们起身，并把他们介绍给大家。

曼德拉的博大胸襟和宽容精神，令那些残酷虐待了他 27 年的白人汗颜，也让所有到场的人肃然起敬。看着年迈的曼德拉缓缓站起，恭敬地向 3 个曾看管他的狱警致敬，在场的所有来宾以至整个世界，都静下来了。

后来，曼德拉向朋友们解释说，自己年轻时性子很急，脾气暴躁，正是狱中生活使他学会了控制情绪，因此才活了下来。牢狱岁月给了他时间与激励，也使他学会了如何处理自己遭遇的痛苦。

他说："当我走出监狱大门时，我已经清楚，自己若不能把悲痛与怨恨留在身后，那么我其实仍在狱中。"

在这个世界上，悲痛和愤怒的人大致可以分为两种：第一种人始终生活在愤怒及痛苦的阴影下；第二种人却能得到超乎常人的同情心和深度。

令人心碎的事，例如大病、孤独和绝望，在人的一生中都难以幸免。失去珍贵的东西之后，总有一段时间会伤心、绝望。问题是，你最后到底变得更坚强呢，还是更软弱？

事实上，忘记你所受到的不公，忘记对他人的怨愤，最终最大的受益者将会是你自己。当你忘记了怨愤，学会了遗忘和原谅，你就会

发现，原来你所认为的那些所谓的不公，其实根本不值一提，因为它们在你的一生之中，是那么的微不足道。而你同时也会认识到，抛开对他人的怨愤之心，你所获得的快乐是你这一生都享受不尽的。

释得仇怨，始得祥瑞

放下吧！放下心中一切仇怨，宽恕曾经对不起你的人，理智处理让你抓狂的每一件事，让这世界充满爱，充满祥和。

若是狂风暴雨来袭，飞禽走兽便会感到哀伤忧虑、惶惶不安；若是晴空万里的日子，则草木茂盛、欣欣向荣。由此可见，天地之间不可以一天没有祥和之气，而人的心中则不可以一天没有喜悦的神思。天底下有能耐的好人本来就不多，我们应该想着同心协力为社会多作贡献。不能因为各自的思想方法不同，性格上的差异，甚至微不足道的小过节而互相诋毁，互相仇视，互相看不起。古人说："二虎相争，必有一伤。"这样做下去，其实谁都不好看。抬头不见低头见，得饶人处且饶人吧！

宋朝的王安石和司马光十分有缘，年轻时，都曾在同一机构担任完全一样的职务。两人互相倾慕，司马光仰慕王安石绝世的文才，王安石尊重司马光谦虚的人品，在同僚们中间，他们俩的友谊简直成了某种典范。

做官好像就是与人的本性相违背，王安石和司马光的官越做越大，心胸却慢慢地变得狭隘起来。相互唱和、互相赞美的两位老朋友竟反目成仇。倒不是因为解不开的深仇大恨，人们简直不敢相信，他们是因为互不相让而结怨。两位智者名人，成了两只好斗的公鸡，雄赳赳地傲视对方。有一回，洛阳国色天香的牡丹花开，包拯邀集全体僚属饮酒赏花。席中包拯敬酒，官员们个个善饮，自然毫不推让，只有王安石和司马光酒量极差，待酒杯举到司马光面前时，司马光眉头一皱，仰着脖子把酒喝了，轮到王安石，王执意不喝，全场哗然，酒兴顿扫。司马光大有上当受骗，被人小看的感觉，于是喋喋不休地骂起王安石来。王安石以牙还牙，痛骂司马光。自此两人结怨更深，王安石得了一个"拗相公"的称号，而司马光也没给人留下好印象，他忠厚宽容的形象大打折扣，以至于苏轼都骂他，给他取了个绰号叫"司马牛"。

到了晚年，王安石和司马光对他们早年的行为都有所后悔，大概是人到老年，与世无争，心境平和，世事洞明，可以消除一切拗性与牛脾气。王安石曾对侄子说，以前交的许多朋友，都得罪了，其实司马光这个人是个忠厚长者。司马光也称赞王安石，夸他文章好，品德高，功劳大于过错，仿佛是又有一种约定似的，两人在同一年的 5 个月内相继归天，天国是美丽的，"拗相公"和"司马牛"尽可以在那里和和气气地做朋友，吟诗唱和了，什么政治斗争、利益冲突、性格相违，已经变得毫无意义了。

朋友之间相处，需要用"和气"来化解彼此之间的矛盾。人和人都是不同的，对于性格、见解、习惯等方面的相异，要以和为重，若"疾风暴雨、迅雷闪电"，会影响朋友之间的关系，甚至导致友谊破裂，反目成仇；而若和气面对彼此的不同，进而欣赏对方的优点，则

对方也会对你加以赞美。这样一来，你们的"祥"和"瑞"也就更多了。

人有恩于我不可忘，而怨则不可不忘

在你完全放下嗔恨的一刹那，你眼中的世界就变得和平了；当每一个人都放下嗔恨的时候，整个世界就变得和平了。

谁没有与人发生过矛盾？谁没有受过丝毫委屈？智者的聪明之处在于，他们绝不会将仇恨深刻于心，让它无时无刻地折磨自己。他们知道，唯有"相逢一笑泯恩仇"的豁达与宽容，才是自己拓宽人脉的法宝。

名作家阿里有一次和吉伯、马沙两位朋友一起旅行。

三人行经一处山谷时，马沙失足滑落，幸而吉伯拼命拉他，才将他救起。马沙于是在附近的大石头上刻下了："某年某月某日，吉伯救了马沙一命。"

三人继续走了几天，来到一处河边，吉伯跟马沙为了一件小事吵起来，吉伯一气之下打了马沙一耳光。马沙跑到沙滩上写下："某年某月某日，吉伯打了马沙一耳光。"

当他们旅行回来之后，阿里好奇地问马沙为什么要把吉伯救他的事刻在石上，将吉伯打他的事写在沙滩上？

马沙回答："我永远都感激吉伯救我，至于他打我的事，我会随着沙滩上字迹的消失，而忘得一干二净。"

所谓"我弃功于人不可念，而过则不可不念；人有恩于我不可忘，而怨则不可不忘"。感恩是华夏民族传承了几千年的传统美德，从"滴水之恩，涌泉相报"到"衔环结草，以谢恩泽"，以及我们常言的"乌鸦反哺，羔羊跪乳"，"感恩"在国人心中有着深厚的文化底蕴，滋养了一代又一代人。

感恩是一种境界，是一种生活态度，是一种处世哲学，更是一种人生智慧。学会感恩，这是做人的基本。感恩不是单纯的知恩图报，而是要求我们摒弃狭隘，追求健全的人格。做人，应常怀感恩之心，记住别人对我们的恩惠，洗去我们对别人的怨恨，唯有如此，我们才能在人生的旅程中自由翱翔。对人对事，我们若能将恩惠刻在石头上，将怨恨写在沙滩上，那么，我们的人生将会异常的富足、异常的饱满。

在这方面，唐太宗李世民就为我们树立了一个榜样。

李世民临终前，预感自己时日无多，于是作了《帝范》十二篇赐给太子。他说："修身立德，治理国家的事情，已经全在里面了。我有何不测，这就是我的遗言。除此以外，就没有什么可说的了。"太子接到《帝范》，非常伤心，泪如雨下。李世民说："你更应当把古代的圣人们当作自己的老师，你若只学我，恐怕连我也赶不上了！"太子说道："陛下曾叫臣到各地视察，了解民间疾苦。臣所到的地方，百姓都在歌颂陛下宽仁爱民。"李世民说道："我没有过度使用民力，百姓受益很多，因为给百姓的好处多、损害少，所以百姓还不抱怨；但比起尽善尽美来，还差得远呢！"他又告诫太子说，"你没有我的功劳而要继承我的富贵，只有好好干，才能保住国家平安，若骄奢淫逸，恐怕连你自己都保不住。一个政权建立起来很难，而要败亡，那是很

快的事；天子的位子，得到它很难而失掉它却很容易。你一定得爱惜，一定得谨慎啊！"

太子李治叩着头说："陛下的教诲儿臣当铭记在心；绝不让陛下失望。"李世民说："你能这样想，我也就没有什么不放心的了。"唐太宗教育太子，要求宽仁待人，报民众拥戴之恩，同时要念自己的过错，并不断地调适自己，端正行为。这种博大的心胸，严于律己、宽以待人的精神，直到现在，不管是当政还是为学，都应当把他奉为楷模。

一个有修养的人不同于常人之处，首先在于他的恩怨观是以恕人克己为前提的。一般人总是容易记仇而不善于怀恩，因此有"忘恩负义"、"恩将仇报"、"过河拆桥"等说法，古之君子却有"以德报怨"、"涌泉相报"、"一饭之恩终生不忘"的传统。为人不可斤斤计较，少想别人的不足、别人待我的不是；别人于我有恩应时刻铭记于心。人人都这样想，人际就和谐了，世界就太平了。用现在的话讲，多看别人的长处，多记别人的好处，矛盾自然就化解了。

第七篇 善迁不败，不争一时
——忍可以支百勇，一静可以制百动

受得小气，才不至于受大气；忍得一时之气，免去百日之忧。吃得小亏，才不至于吃大亏。吃亏就是占便宜，占便宜就是吃亏，这是老庄退一步进三步的道理。你能把忍功夫做到多大，你将来的事业就能成就多大。事不三思终有悔，人能百忍自无忧。

一时不争，一世清宁

一纸书来只为墙，让他三尺又何妨。长城万里今犹在，不见当年秦始皇。

每个人都生活在人群中，有人的地方自然会有矛盾，有了分歧、不合怎么办？很多人就喜欢争吵，非论个是非曲直不可。其实这种做法很不明智，吵架又伤和气又伤感情，不值。不如大事化小，小事化了，俗话说"家和万事兴"，推而广之，人和自然也是万事兴。

在安徽省桐城市的西南一隅，有一条全长约180米、宽2米的巷道，当地人称之为"六尺巷"。

据作家姚永朴《旧闻随笔》和《桐城县志略》等史料记载：清朝名臣张英便住在这里，张英名声显赫，桐城人习惯将他称为"老宰相"，其子张廷玉称为"小宰相"，父子二人合称为"父子双宰相"。

当年张英家和一户姓吴的人家比邻而居，房屋之间有块空地被吴家给占用了，张家的人就送信给张英，让他出面干预。张英看罢来信，就写了首诗给家人，诗上说："一纸书来只为墙，让他三尺又何妨。长城万里今犹在，不见当年秦始皇。"家人见书明理，遂撤让三尺，吴家见此情景深感惭愧，亦退让三尺，这样张吴两家之间就形成了六尺宽的巷道，后人称之为"六尺巷"。

张英轻启朱毫，四两拨千斤，简简单单的几句诗，就化解了原本剑拔弩张的邻里矛盾，为时人亦为后人做出了谦逊礼让、与人为善的绝好榜样。

事实上，张英的做法不仅是与人为善，而且他身居官场，处处都是陷阱，步步都得小心，正如古人所说，如临深渊，如履薄冰。稍不留神，就可能遭遇灭顶之灾，顷刻之间，名毁人亡。所以张英从大局着想，还是忍让为好，免得事情闹大了，虽然不至于当时即影响他的前途，但从长远来看，未尝不是个祸患。让他三尺，不仅化解了无形的隐患，又解决了邻里的纷争，实在是一举两得。

我们知道，人是一种社会性的高等动物。人是社会的人，社会性是人的根本属性。人要在世间立身，就应该学会处世。吕坤认为，善处世"只于人情上做功夫"。

世间的人之常情是怎样的呢？吕坤认为：闻人之过则津津乐道，闻己之过则百般掩饰；见名利尽揽身上，见过失尽推他人；从薄处去推究他人情感，从恶边去揣度他人之心，这是天下人的通病。那么，怎样才能消除这些通病呢？吕坤认为，首先要律己。自身要做到心诚，"诚则无心"，要有识见，身处污泥不被其玷污，不要把"你我"二字看得过于透彻，要有毫不利己、专门利人的精神，更重要的一点是要善于体察自己的过失。相对来说，客观公正地对待他人的过失比较容易些，而坦诚公正地认识自己就非常困难了。这是由于私欲等主观因素和非主观因素所造成。所以必须做到每日"三省吾身"，这是非常必要的。因为认识自我是安身处世的重要前提。

其次，要善于宽厚待人。由于人的能力有大有小，天下的事情应听凭各自的方便，绝不能强求做到整齐划一、一刀切，只要能把事情办成就行。否则的话，既使人心备受痛苦，又于事无补。

人非圣贤，孰能无过？在正确对待他人的过失和错误上，吕坤提出了一系列的积极主张。如不以己所长而责备别人，责备人应留有余地，要谅人之愚，体人之情等，一字概括，即为"恕"字。这里，吕坤指出劝善应以教育为主，既要指明对方的错误，使对方改过自新，又要考虑对方的承受能力。要分析对方的心理特点，千万不可以权压人、以理压人、以法压人，把对方逼上绝路。那只能使对方负隅顽抗，更加肆无忌惮。吕坤认为，人一旦到了无所顾忌的地步，就无所谓尊严、刑罚和事理了。因此，对于犯有过失的人，特别是偶一失足的青少年，要动之以情，晓之以理。心诚则灵，这样感化别人，能收到事半功倍的效果。吕坤真不愧是一位伟大的教育思想家。当然，现代社会是法制社会，应该以道德教化与法治并重，过分地强调一点，而忽视另一点的做法是片面的。

故意挑剔毛病，硬找差错，没有问题也生出了问题。有时伪装成对工作事业认真负责的样子，有时又换上一副蛮横不讲理的嘴脸，或自以为聪明透顶，或傲慢无知。不管属于其中的哪一种表现，心里都揣着一个恶的念头，不愿与人为善。因为一切事物都不可能尽善尽美，所以他总是能为自己的行为"理由"一番。当一个人如此这般的时候，大抵他们并非冲着真理、正确、原则而来的，恰恰相反，他们只是以此作为口实和把柄，来达到他们自己的不可告人的目的，对人不对己。如果有谁也像他们那样反过来，用他们的矛，刺他们的盾，恐怕他们也会束手无策了。

《吕氏春秋·举难》中说：世界上找一个完人是很困难的，尧、舜、禹、汤、武，春秋五伯亦有弱点和缺点，比尧舜禹还要圣明的神农、黄帝犹有可指责的。所谓"材犹有短；故以绳墨取木"，就是作为栋梁之才的人，也有短处，不然为什么要用绳墨来把栋梁之才加工得又方又直呢？"由此观之，物岂可全哉！"所以天子不处全、不处极、不处盈。全则必极，极则必盈，盈则必亏。"先王知物不可全也，故择务而取一也。"

孟子说：君子之所以异于常人，便是在于其能时时自我反省。即使受到他人不合理的对待，也必定先反省自己本身，自问，我是否做到仁的境界？是否欠缺礼？否则别人为何如此对待我呢？等到自我反省的结果合乎仁也合乎礼了，而对方强横的态度却仍然不改。那么，君子又必须反省自己：我一定还有不够真诚的地方。再反省的结果是自己没有不够真诚的地方，而对方强横的态度依然故我，君子这时才感慨地说："他不过是个荒诞的人罢了。这种人和禽兽又有何区别呢？对于禽兽根本不需要斤斤计较。"

事实上，按照一般常情，任何人都不会把过去的记忆像流水一般抛掉。就某些方面而言，人们有时会有执念很深的事件，甚至会终生不忘。当然，这仍然属于正常之举。谁都知道，怨恨会随时随地有所回报。因此，为了避免招致别人的怨愤，或者少得罪人，一个人行事须小心在意。《老子》中据此提出了"报怨以德"的思想。孔子也曾讲过类似的话来教育弟子："以直报怨，以德报德。"其含义均是叫人处世时心胸要豁达，以君子般的坦然姿态应付一切。

《庄子》中对如何不与别人发生冲突也作了阐述。有一次，有一个人去拜访老子。到了老子家中，看到室内凌乱不堪，心中感到吃惊。于是，他大声咒骂一通扬长而去。翌日，又回来向老子致歉。老子淡然说道："你好像很在意智者的概念，其实对我来讲，这是毫无意义的。所以，如果昨天你说我是马的话我也会承认的。因为别人既然这

么认为，一定有他的根据，假如我顶撞回去，他一定会骂得更厉害。这就是我从来不去反驳别人的缘故。"

从这则故事中可以得到如下启示：在现实生活中，当双方发生矛盾或冲突时，对于别人的批评，除了虚心接受之外，还要练成毫不在意的功夫。人与人之间发生矛盾的时候太多了，因此，一定要心胸豁达，有涵养，不要为了不值得的小事去得罪别人。而且，生活中常有一些人喜欢论人短长，在背后说三道四。如果听到有人这样谈论自己，完全不必理睬这种人。只要自己能自由自在按自己的方式去生活，又何必在意别人说些什么呢？只有这样，你才能得到一世的清宁。

事不三思终有悔，人能百忍自无忧

怒上心，一忍最高，事临头，三思为妙！让三分心平气和，人际关系要讲忍让，处理事情要讲协和！

郭冬临在春晚小品中曾说过一句颇为精辟的话——"冲动是魔鬼"，一时间成为大家津津乐道的口头禅。的确，冲动是魔鬼，人在"冲动"的驾驭下，往往会做出一些匪夷所思的举动，甚至不惜去触犯法律、道德的底线，为自己的人生增添一道重重的阴影。

其实，人活于世，俗事本多，我们真的没有必要再去为自己徒增烦恼。遇事，若是能冷静下来，以静制动，三思而后行，绝对会为你省去很多不必要的麻烦。否则，你多半会追悔莫及。

古时有一愚人，家境贫寒，但运气不错。一次，阴雨连绵半月，将家中一堵石墙冲倒，而他竟在石墙下挖到了一坛金子，于是转眼成为富人。

然而，此人虽愚笨，却对自己的缺点一清二楚。他想让自己变得聪明一些，便去求教一位禅师。

禅师对他说："现在你有钱，但缺少智慧，你为何不用自己的钱去买别人的智慧呢？"

此人闻言，点头称是，于是便来到城里。他见到一位老者，心想：老人一生历事无数，应该是有智慧的。遂上前作揖，问道："请问，您能将您的智慧卖给我吗？"

老者答道："我的智慧价值不菲，一句话要100两银子。"

愚人慨言："只要能让自己变得聪明，多少钱我都在所不惜！"

只听老者说道："遇到困难时、与人交恶时，不要冲动，先向前迈三步，再向后退三步，如此三次，你便可得到智慧。"

愚人半信半疑："智慧就这么简单？"

老者知道愚人怕自己是骗子，便说："这样，你先回家。如果日后发现我在骗你，自然就不用来了；如果觉得我的话没错，再把100两银子送来。"

愚人依言回到家中。当时日已西下，室内昏暗。隐约中，他发现床上除了妻子还有一人！愚人怒从心起，顺手操过菜刀，准备宰了这对"奸夫淫妇"。突然间，他想起白日向老者赊来的"智慧"，于是依言而行，先进三步，再退三步，如此三次。这时，那个"奸夫"惊醒过来，问道："儿啊，大晚上的你在地上晃悠什么？"

原来那个"奸夫"竟是自己的母亲！愚人心中暗暗捏了一把汗：

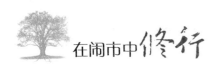

"若不是老人赊给我的智慧，险些将母亲错杀刀下！"

翌日一早，他便匆匆赶往城里，去给老者送银子了。

正所谓"事不三思终有悔，人能百忍自无忧"，冷静就是一种智慧！世间的很多悲剧，都是因一时冲动所致。倘若我们能将心放宽一些，遇事时、与人交恶时，压制住自己的浮躁，考虑一下事情的前前后后以及由此造成的后果，且咽下一口气，留一步与人走，人与人之间的关系就会变得和谐许多。

一青年拳击手王某，骑车上街，在路口等红灯时，后面冲上来一个骑车的小伙子撞到他的自行车上。小伙子不但不道歉，反而态度蛮横，要王某给他修车。王某很是恼火，但是他极力控制自己的情绪不发作。这小伙子不自量力，口出狂言："你是运动员吧？你就是拳击运动员我也不怕，咱们练练？"一听对方要打架，王某连忙后退说："别打别打，我不是运动员，我也不会打架。"因为他的示弱，一场冲突避免了。事后他说："我知道，我这一拳打出去，对普通人会造成多大的伤害。我必须时刻提醒自己要忍耐，示弱反而让我感到自己更强大。"

"他强任他强，清风拂山冈；他横任他横，明月照大江！"我们做人，理应如王某这般，在无谓的冲突面前，晓得忍让，有时示弱即是强！示弱才能无忧！

能让终有益，忍则免伤身

"路径窄处，留一步与人行；滋味浓时，减三分让人食"——与人方便，其实正是与己方便。

很多人将妥协、退让视为懦弱的表现，自认为针锋相对、寸土必争才是"好汉子"、"真英雄"。很明显，这类人的人生修为尚浅，做人的深度不足。其实很多时候，"退一步"并不意味着放弃努力和宣布失败，一些积极意义上的妥协是为了伺机行事，出奇制胜，是退一步而进两步。

我们先来看看下面这两则故事。

他是一家化妆品公司的推销员，他的公司几次想与另一家化妆品公司合作，但都未能如愿。经过他的不懈努力，对方终于答应与他的公司合作！不过有一个要求：要在其化妆品广告词中加上该公司的名字。

他的老总不同意，认为这是在花钱替别人做广告，协商又陷入僵局，合作公司限他们在两天之内给予答复。

他听到这个消息，直接找到老总，劝老总赶紧答应，否则一定会错失良机。老总不乐意："我坚决不妥协，他们这是以强欺弱。"

他认为把产品和一个著名的品牌捆绑在一起是有利的，经过他的一再努力，老总终于同意了合作条件。事情像他预料的一样，公司的

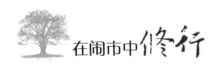

生产蒸蒸日上，销售额直线上升，他也因此被提升为业务总经理。

她拥有一家三星级宾馆，经朋友介绍，她认识了一位名气很大的导演，导演准备租她的宾馆开一个新闻发布会。

她爽快地同意了，可在租金上却不能与对方达成协议。她要价 4 万元，导演只答应出 2 万元，双方争执不下。朋友劝她："你怎么这么傻，你只看到了 2 万元，2 万元背后的钱可不止这个数，他们都是名人，平时请都请不来。"

她还是不妥协，坚持要 4 万元，还对朋友说："你看你介绍的人，这么吝啬。"朋友生气："我没有你这个目光如豆的朋友。"说完，朋友抛开她，自己走了。

她旁边一家四星级宾馆的总经理听到这个消息，及时找到导演，说他愿意把宾馆大厅租给导演，而且要价不超过 1.5 万元。

于是，导演便租了这家四星级宾馆。开新闻发布会那几天除了许多记者、演员外，还有不少慕名而来的影迷，十几层的大楼无一空室。而且因为明星的光临，这家四星级宾馆名声大噪。

她看到这一幕后，后悔得不得了，但一切都晚了，她只能谴责自己目光短浅。

故事中的两个人谁更聪明，谁才是强者，应该不用再多说了吧？从这两则故事中，我们不难看出一个事实：妥协有时就是通往成功的必要，就是在冷静中窥伺时机，然后准确出击；这种妥协应是以退让开始，以胜利告终，表象是以对方利益为重，真相是为自己的利益开道。

妥协无疑是一种睿智，是我们处世的一项必要手段，它对于我们的人生起着微妙的作用，甚至可以改变人的一生。我们生存的世界充满了诡异与狡诈，人间世情变幻不定，人生之路曲折艰难，充满坎坷。在人生之路走不通的地方，要知道退让一步、让人先行的道理；在走得过去的地方，也一定要给予人家三分的便利，这样才能逢凶化吉，一帆风顺。

明朝年间，有一位姓尤的老翁开了个当铺，有好多年了，生意一直不错，某年年关将近，有一天尤翁忽然听见铺堂上人声嘈杂，走出来一看，原来是站柜台的伙计同一个邻居吵了起来。伙计连忙上前对尤翁说："这人前些时典当了些东西，今天空手来取典当之物，不给就破口大骂，一点儿道理都不讲。"那人见了尤翁，仍然骂骂咧咧，不讲情面。尤翁却笑脸相迎，好言好语地对他说："我晓得你的意思，不过是为了度过年关。街坊邻居，区区小事，还用得着争吵吗？"于是叫伙计找出他典当的东西，共有四五件。尤翁指着棉袄说："这是过冬不可少的衣服。"又指着长袍说："这件给你拜年用。其他东西现在不急用，不如暂放这里，棉袄、长袍先拿回去穿吧！"

那人拿了两件衣服，一声不响地走了。当天夜里，他竟突然死在另一家当铺里。为此，他的亲属同那家当铺打了一年多官司，害得别人花了不少冤枉钱。

这个邻人欠了人家很多债，无法偿还，走投无路，事先已经服毒，知道尤家殷实，想用死来敲诈一笔钱财，结果只得了两件衣服。他只好到另一家去扯皮，那家人不肯相让，结果就死在那里了。

后来有人问尤翁说："你怎么能有先见之明，容忍这种人呢？"尤翁回答说："凡是横蛮无理来挑衅的人，他一定是有所恃而来的。如果在小事上不稍加退让，那么灾祸就可能接踵而至。"人们听了这一席话，无不佩服尤翁的见识。

中国有句格言："忍一时风平浪静，退一步海阔天空。"不少人将它抄下来贴在墙上，奉为处世的座右铭。这句话与当今商品经济下的竞争观念似乎不大合拍，事实上，"争"与"让"并非总是不相容，反倒经常互补。在生意场上也好，在外交场合也好，在个人之间、集团之间，也不是一个劲儿"争"到底，退让、妥协、牺牲有时也很有必要。而作为个人修养和处世之道，让则不仅是一种美好的德性，而且也是一种宝贵的智慧。

夫唯不争，故天下莫能与之争

手把青秧插满田，低头便见水中天；身心清净方为道，退步原来是向前。

人生于世，若是能够学会不争，懂得以退为进，就会得到一个更广阔的空间。

康熙末年，皇族内部对皇位的争夺进入白热化阶段。以皇长子胤禔为首的"大千岁党"、以皇太子胤礽为首的"太子党"、以八阿哥胤禩为首的"八爷党"、以皇四子胤禛为首的"四爷党"，相互之间明争暗斗、兄弟相残，上演了我国历史上几乎最为激烈、最为复杂的权力之争，世称"九王夺嫡"。最终，皇四子胤禛脱颖而出，坐上了大清王朝的第一把交椅，而他获胜的法宝正是韬晦之邃。

当时的雍亲王在帝位之争中尽敛锋芒，深藏争权之心，甚至常与青灯古佛为伴，精研禅理，俨然一副"看淡权位"、"心忧天下"的贤达模样。时已被诸子间你争我夺折腾得心力交瘁的康熙皇帝看到此景，自然心有所动，遂几番考验这个四儿子，恰恰他又做得有理有条、滴水不漏。于是，康熙皇帝遗诏传位于四子胤禛，雍正终得偿所愿，继承了大统。

显然，雍正的"不争"源于权谋之术，与我们所说的"不争"是有区别的。不过，我们没有必要纠结于这些历史问题，只须透过此事认清一个事实：即争强好胜者未必掌握真理，而懂得退避的人，往往能给人一种修养深厚，胸襟坦荡之感，因而也更容易获得别人青睐，成就自己的一番事业。

话说古时江南有一富豪，风流成性，妻妾成群，为他生了一大堆儿子。

数十年一晃而过，眼看自己一天比一天老去，富豪便开始思索为自己挑选一位继承人，以不使家业败落。可是，这么一大帮儿子，管家的钥匙到底该交给谁呢？老富豪为此大伤脑筋。

众儿子也知道老富豪时日不多了，为了能执掌家业，便开始明争暗斗，你争我夺起来，那情形丝毫不逊于康熙末年的"九王夺嫡"。

在此其中，只有一个儿子从未参与争夺。他只是默默站在老富豪身旁，竭尽所能地帮老富豪办事。眼看着儿子们的争斗，老富豪终于想明白了，这把管家的钥匙交给争吵中的任何一个儿子，都会使家道败落。最后，他将所有家业都托付给了那个不争的儿子。

曾有人以诗描绘农家插秧时的情景——"手把青秧插满田，低头便见水中天；身心清净方为道，退步原来是向前。"剖其深意，这俨然是作者对"以退为进"这一人生策略的妙笔诠释。

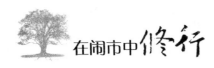

生活中，很多人为了追逐功名利禄，不惜代价、不顾一切地向前争逐。却不知，有时前面等待你的往往是一堵墙，撞上去就会伤筋动骨；有时前面等待你的就是一个陷阱，跌下去就会万劫不复！

当然，假如是重大或重要的是非问题，自然应当不失原则地争出个青红皂白，甚至可以为追求真理而献身。但在日常生活中，若是因一些鸡毛小事而争得面红耳赤，非要决一雌雄才肯罢休，甚至大打出手闹个不欢而散，岂不是很让人瞧不顺眼？时下流行一句话，叫作"玩深沉"，其实面对这种情况，"玩点深沉"正显示了你宽宏大量的风度。

麦金利任美国总统时，任命某人为税务主任，但为许多政客所反对，他们派遣代表进谒总统，要求总统说出任命那个人为税务主任的理由。为首的是一位国会议员，他身材矮小，脾气暴躁，说话粗声恶气，开口就对总统一顿难堪的讥骂。如果换成别人，也许早已气得暴跳如雷，但是麦金利却视若无睹，不吭一声，任凭他骂得声嘶力竭，然后才用极温和的口气说："你现在怒气应该可以平和了吧？照理你是没有权力这样责骂我的，但是，现在我仍愿详细解释给你听。"

这几句话把那位议员说得羞惭万分，但是总统不等他道歉，便和颜悦色地说："其实我也不能怪你。因为我想任何不明究竟的人，都会大怒若狂。"接着他把任命理由解释清楚了。

不等麦金利总统解释完，那位议员已被他的大度折服。他懊悔不该用这样恶劣的态度责备一位和善的总统，他满脑子都在想自己的错。因此，当他回去报告抗议的经过时，他只摇摇头说："我记不清总统的解释，但有一点可以报告，那就是——总统并没有错。"

无疑，在这次交锋中，麦金利占了上风。为什么他能占上风？就是因为他的宽宏大量。做人首先是要有一颗博大的心，这颗心的格局要大。心的格局有多大，人生的成就才有多大。不是有"海纳百川，有容乃大"这句话吗？这句话被许多人看成自己做人的准则，麦金利就是其中之一。

老子曾经说过："夫唯不争，故天下莫能与之争。"只要有一种看透一切的格局，就能做到豁达大度；把一切都看作"没什么"，才能在慌乱时，从容自如；忧愁时，增添几许欢乐；艰难时，顽强拼搏；得意时，言行如常；胜利时，不醉不昏。只有如此放得开的人，才是豁达大度之人。

不管什么是非都去计较的话，你哪还有时间去享受生活？在我们生活的社会里，许多事情，尤其是小事情，如果看开一些，自己的心胸就宽大了。

争让有度

争，绝非莽夫之争，为尊严而争、为民族荣誉而争，不争不足以立志；让，绝非懦弱退缩，而是心怀博爱，不让不足以成功。争让有度，更让人佩服一生！

"忍让"自然是人生中的一种大修行、大智慧，但所谓忍让，并不是要求我们不分是非，一味地退避、妥协。倘若一件事发生在我们的面前，它触犯了我们的民族尊严、触碰了道德底线、有违我们做人的基本原则，那么我们就无须再忍了。

古龙是万千读者尊崇的偶像，他缔造了一个属于自己的江湖。然

而，古龙除了惊世骇俗的才华以外，更有着超越常人的处世智慧和宽广胸襟。

经过多年艰辛打拼以后，古龙终于在文坛拥有了自己的一席之地。武侠小说的一代宗师金庸先生更是对他推崇不已。两人相识之后，就常常结伴同游。后来，古龙因为一些债务原因，手头有些拮据，金庸先生便帮他联系了一个出版商。对方非常欣赏古龙的才华，便邀请二人当面晤谈。

双方见面之后，会谈并没有想象中那么顺利。因为文化的差异，彼此先是在讨论文学创作上有了分歧，接着，古龙发现对方在客气的外表下总是透着一股傲慢，尤其是对中国当代文学，很有些看不上眼。场面有些尴尬，金庸先生总是大度地微笑着缓和紧张的气氛，古龙的话越来越少，渐渐沉默起来。

酒过三巡，对方的酒兴渐渐高涨起来，不停地催服务生上酒。古龙和金庸两人都有些不胜酒力了，便开始推辞起来。不料对方忽然露出了鄙夷的神色，一语双关地说道："你们小说家也不过如此嘛！"

金庸连忙转过头，紧张地看着血气方刚的古龙。让他没想到的是，古龙并没有暴跳如雷，而是微笑着缓缓说道："这么小的杯子怎么能尽兴呢？来，换脸盆喝！"说着，他亲自取来三个脸盆摆在大家面前，然后用酒倒满自己面前的脸盆，高高举起。"干！"说着，他端起盆，仰头就喝了起来，坐在一旁的金庸惊得说不出话来，出版商更是傻了眼。古龙喝到一半，对方连忙跑过来拉住他，嘴里不停地说道："古先生，我佩服你！不要再喝了！"

此后，出版商再也没有过傲慢的表现。金庸悄悄问酒醒后的古龙，真的能喝得下那么多酒吗？古龙憨笑着告诉他，其实自己也喝不了那么多酒。只是他一直觉得，对善待自己的人，自己就必须报以善良；对待轻视自己的人，就必须坚决反击。

从那之后，金庸先生不止一次在朋友面前提起这件事情，并且一再表示，古龙身上的侠气精神让他一生都无法忘记。

随着古龙名气的与日俱增，他的小说也越来越炙手可热。在利益的驱使下，很多人开始效仿他，挖空心思，想方设法利用古龙的名气为自己牟利，甚至有人开始冒充古龙的名字写小说。

一天午后，一个朋友在市场上发现了几本冒充古龙先生新作的小说，异常气愤。他立刻买下了几本，气呼呼地来到古龙的家里。

可让他没想到的是，一向争强好胜的古龙并没有生气，反而津津有味地读了起来。读了一会儿，他轻轻放下书，什么也没说。坐在一旁的朋友按捺不住了，问他为什么不追究。古龙微笑着告诉他："这本小说的风格，我一看就知道是谁写的。我也非常反感这些抄袭模仿、假借之笔的龌龊行为，可这个作者我认识，他的家境非常贫寒，不过是以此来糊口罢了。如果我去举报他，那他全家人都可能饿肚子。得饶人处且饶人，何况他的原因很特殊；再说，他的文笔很不错，我不忍心就让他这样毁在我手里。"朋友听完他的话，欷歔不已。

不仅如此，古龙还特别留心盗用自己名字写小说的作者当中才华出众的，并且想方设法帮助他们。在古龙的帮助下，很多年轻人崭露头角，而且都和古龙成了朋友。

正因为这种博大的胸怀，使得古龙先生故去之后，台湾迅速成长起来一批新的优秀小说家。也正因为如此，虽然古龙人已逝，他却在很多受过他帮助的人心中延续着自己的生命，并将这份豁达与博爱继续传递下来。

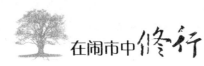

古龙的争，不是莽夫之争，而是血性之争，为自身尊严而争，为民族荣誉而争；古龙的让，不是懦弱退缩，而是心怀博爱，不计小利，为更多有才情抱负的人提供机会，更加让人佩服一生一世。血性与宽容，是苍鹰的两只翅膀，不争，不足以立志；不让，不足以成功。

第八篇 海纳百川，有容乃大
——大肚能容天下事，豁开心扉任从他

在这个世界上，你并非踽踽单行，虽然人们各自走着自己的生命之路，但是纷纷攘攘中难免会有碰撞。如果冤冤相报，非但抚平不了心中的创伤，而且只能将自己捆绑在无休止的争吵上。

以德报怨，量大则福大

宽容是一剂良药，可以医治人心灵深处不可名状的跳动，滋生永恒的人性之美。

宽容是一种美，因为有了宽容才使许多人有了浪子回头的决心，因为有了宽容才使那颗犯错的心有了安全的回旋余地。当你选择宽容时，你就给了这个世界无比的荣耀，而你将得到这世界最美的祝福。禅者说："量大则福大。"就是在说因为你有一颗宽容的心，所以，能获得最大的福缘。

一位在山中茅舍修行的禅师，某日夜里散步回来，发现一个小偷正在房中行窃。找不到任何财物的小偷要离开时，在门口遇见了禅师。原来，禅师怕惊动小偷，一直站在门口等候，他知道小偷一定找不到任何值钱的东西，早就把自己的外衣脱掉拿在手上。

小偷遇见禅师，正大感惊愕之时，禅师说道："你不怕山路远而艰，前来探望我，总不能让你空手而回呀！夜凉了，你披着这件衣服走吧！"

说着，就把衣服披在了小偷身上，小偷不知所措，低着头溜走了。

禅师看着小偷的背影消失在山林之中，不禁感慨地说："可怜的人呀！但愿我能送一轮明月给他。"

禅师目送小偷走了以后，便回到茅屋打坐，并逐渐进入梦境。

第二天，当他迎着温暖的阳光走出茅屋时，看到他披在小偷身上的外衣被整齐地叠好，放在了门口。禅师非常高兴，喃喃自语："我终于送了他一轮明月！"

是的，禅师正是用慈悲宽怀之心，感化了小偷的灵魂。这就是老禅师的度量，他给小偷提供反省的空间，使其悔悟，自戒自律，所以宽容也是一种无声的教育。

宽容地对待别人的过错，这是何等的胸怀。学会宽容，是一种美德、一种气度，因为你能容得他人不能容，所以你也必将拥有别人不能拥有的。

有这样一则故事：

一位妇人同邻居发生纠纷，邻居为了报复她，趁夜偷偷地放了一个骨灰盒在她家的门前。第二天清晨，当妇人打开房门的时候，她深深地震惊了。她并不是感到气愤，而是感到仇恨的可怕。是啊，多么可怕的仇恨，它竟然衍生出如此恶毒的诅咒！妇人在深思之后，决定用宽恕去化解仇恨。

于是，她拿着家里种的一盆漂亮的花，也是趁夜放在了邻居家的门口。又一个清晨到来了，邻居刚打开房门，一缕清香扑面而来，妇人正站在自家门前向她善意地微笑着，邻居也笑了。

一场纠纷就这样烟消云散了，她们和好如初。

宽容敌手，除了不让他人的过错来折磨自己外，还处处显示着你的淳朴、你的坚实、你的大度、你的风采。那么，在这块土地上，你将永远是胜利者。只有宽容才能抚平不愉快的创伤，只有宽容才能消除一些人为的紧张。学会宽容，意味着你不会再心存芥蒂，从而拥有一分流畅、一分潇洒。在生活中我们难免与人发生摩擦和矛盾，其实

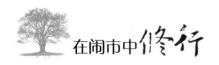

这些并不可怕，可怕的是我们常常不愿去化解它，而是让摩擦和矛盾越积越深，甚至不惜彼此伤害，使事情发展到不可收拾的地步。用宽容的心去体谅他人，真诚地把微笑写在脸上，其实也是善待我们自己。当我们以平实真挚、清灵空洁的心去宽待对方时，对方当然不会没有感觉，这样心与心之间才能架起沟通的桥梁，这样我们也会获得宽待，获得快乐。

一个人能否以宽容的心对待周围的一切，是一种素质和修养的体现。大多数人都希望得到别人的宽容和谅解，可是自己却做不到这一点，因为总是把别人的缺点和错误放大成烦恼和怨恨。宽容是一种美，当你做到了，你就是美的化身。

豁开心扉任从他

宽容就像天上的细雨滋润着大地。它赐福于宽容的人，也赐福于被宽容的人。

人这一生，若是能够做到心胸宽厚，使身边之人不会有不平的牢骚，死后便会令子孙及世人有感他的恩泽流长，而不间断地思念他。如此，则是福厚无量了。

明朝开国皇帝朱元璋的发妻马秀英自幼亡母，被郭子兴夫妇收为义女。此后战火燎原，马秀英先后追随义父、丈夫驰骋沙场，无暇顾及裹足之事，遂成了中国古代罕有的一位天足皇后。

某元宵灯节，朱元璋与刘伯温偶来兴致，下访京城灯会。行至一商铺门前，朱、刘二人见众人在猜灯谜，好不热闹，便凑上前去。其中一幅有趣的图画谜面，引起了朱元璋的注意。画中是一妇人，怀抱西瓜，一双大脚颇为醒目。朱元璋不解其意，便问刘伯温："此谜何解？"刘伯温略作沉吟，答道："此乃淮西大脚女人。"朱元璋仍不解，追问："淮西大脚女人是谁？"刘伯温不敢直言，于是说道："陛下回宫后问皇后娘娘便知。"

回宫后，朱元璋迫不及待地向马皇后提及此事，马皇后讪然一笑："臣妾祖籍淮西，又是天足，此谜底想必就是臣妾。"朱元璋闻言大怒："乡野草民竟敢调侃一国之母！"遂下旨捉拿制灯谜者。马皇后见状急忙劝解："元宵佳节，万民同乐，臣妾本是大脚，说说又有何妨？区区小事，何须动怒？以免惹得天下人耻笑。"此事才得以作罢。

做到豁达，其实并不难，无非是遇事多往开处想，不去计较些许无谓小事。豁达者心胸开阔，善以待人，少有烦恼，因此备受人们推崇。其实，纵然我们力所不及，做不了"王者至尊"，但我们完全可以选择做一个豁达之人，同样可以得到他人的肯定。

东汉时，班超一行在西域联络了很多国家与汉朝和好，但龟兹恃强不从。

班超便去结交乌孙国。乌孙国王派使者到长安来访问，受到汉朝友好的接待。使者告辞返回，汉章帝派卫侯李邑携带不少礼品同行护送。

李邑等人经天山南麓来到于阗，传来龟兹攻打疏勒的消息。李邑害怕，不敢前进，于是上书朝廷，中伤班超只顾在外享福，拥妻抱子，不思中原，还说班超联络乌孙，牵制龟兹的计划根本行不通。

班超知道了李邑从中作梗，叹息说："我不是曾参，被人家说了坏话，恐怕难免见疑。"他便给朝廷上书申明情由。

汉章帝相信班超的忠诚，下诏责备李邑说："即使班超拥妻抱子，不思中原，难道跟随他的一千多人都不想回家吗？"诏书命令李邑与班超会合，并受班超的节制。汉章帝又诏令班超收留李邑，与他共事。

李邑接到诏书，无可奈何地去疏勒见了班超。

班超不计前嫌，友好地接待了李邑。他改派别人护送乌孙的使者回国，还劝乌孙王派王子去洛阳朝见汉帝。乌孙国王子起程时，班超打算派李邑陪同前往。

有人对班超说："过去李邑毁谤将军，败坏将军的名誉。这时正可以奉诏把他留下，另派别人执行护送任务，您怎么反倒放他回去呢？"

班超说："如果把李邑扣下的话，那显得气量太小了。正因为他曾经说过我的坏话，所以让他回去。只要一心为朝廷出力，就不怕人说坏话。如果为了自己一时痛快，公报私仇，把他扣留，那就不是忠臣的行为。"

李邑知道后，对班超十分感激，从此再也不诽谤他人。

人生在世究竟该怎样做人？从古至今都是人们争论的一个话题。是"争一世而不争一时"，还是"争一时也要争千秋"，是只顾个人私利不管他人"瓦上霜"，还是为人类做有益的事，作些贡献？这实际上是两种世界观的较量。生活中，一个心胸狭窄的人，凡事都跟人斤斤计较，如此必然招致他人的不满。人在世时宽以待人，善以待人，多做好事，遗爱人间必为后人怀念，所谓"人死留名，虎死留皮"，爱心永在，善举永存。而恩泽要遗惠长远，则应该多做在人心和社会上长久留存的善举。只有为别人多想，心底无私，眼界才会广阔，胸怀才能宽厚。

大肚能容天下难容之事

忍受常人所不能忍受的，宽容常人所不能宽容的，处理别人所不能处理的。只有心胸开阔，才可以宽容别人；只有忠厚仁义，才可以容纳万物。

天空可以收容每一片云彩，无论其是美是丑，所以天空辽阔无边；泰山能接纳每一块石砾，不论其大小，所以泰山一览众山小；沧海不择细流，故而能就其深；人若能容他人所不能容，则必是人中之佛。

有这样一副楹联：满腔欢喜，笑开古今天下愁；大肚能容，了却人间多少事。容人所不能容，容尽天下苍生，这是何等伟大的胸怀！这才是宽容的真谛，更是一种令人感动的仁爱。亦如法国作家雨果所说："世界上最宽广的是海洋，比海洋更宽广的是天空，比天空更宽广的是人的胸怀。"我们应为自己的心灵创设一种大格局，忍人所不能忍，容人所不能容，若如此，则我们必能处人所不能处。

一次战争中，某部队与敌军在森林中相遇，一番激战过后，两名士兵与所在部队失去了联系，而且他们还是来自同一城市的老乡。

二人在大森林中迷失了方向，他们艰难地走着，不断地互相鼓励、互相安慰。七八天过去了，他们仍未走出森林，找到部队。这一天，

二人猎获了一只狍子，靠着这份保障，他们又苦熬过了数日。或许是战争的烟火惊扰了森林中的动物们，使它们逃向了别处，此后二人再没猎到任何大型的动物，只能以一些松鼠、鸟雀充饥。

破船更遇打头风，这一天，二人再次与敌人相遇，一阵交锋过后，他们巧妙地避开了敌人追击，但是——子弹已然所剩无几，每人身上也只剩下一些松鸭肉。就在他们自以为已经安全时，突然"砰"的一声，走在前面的士兵中弹倒地。索所"敌人"的枪法不准，这一枪打在了肩头上！后面的士兵慌忙跑上前去，他的身子在发抖，他语无伦次，抱着战友痛哭不已。随后，他颤抖着帮战友取出子弹，并将自己的军装撕碎，帮他包好伤口。

当晚，未受伤的士兵发起了高烧，迷迷糊糊中他一直喊着自己母亲的名字。这时，二人都以为自己将命丧于此，他们甚至不相信自己能熬过这一夜，但尽管这样，他们谁也没有去吃自己身上的松鸭肉。第二天，部队找到了他们……

40年后，已是古稀之年的老士兵坦言："我知道当时是谁向我开的那一枪，他就是与我共患难的战友！——当他抱住我时，我感到了枪管的灼热。我无论如何也想不明白，他为什么要打出这一枪。但事实上，当晚我就原谅了他，因为我听到他在大叫自己母亲的名字。我恍然大悟，他是想要我身上的松鸭肉，他是想为自己的母亲活下来，这难道不值得原谅吗？此后30年，我一直装作一无所知。可惜的是，他母亲还是没有等到他回来便离世了。那天，我们一起去祭拜老人家，他在墓前跪了下来，要我宽恕他，我打断了他的话，没有让他继续说下去，这样我们又做了10年的朋友。"

你若能容下这个世界，这个世界也能容下你。你不用心挤兑这个世界，这个世界也不会挤兑你的心。这个世界是宽广的，你的心跟它一样宽广，你肯定会"量大福大"——至少你的心灵会是幸福的。那么在现实生活中，我们能否真正找到心量广大的普通人呢？能，因为能容所以他也变得并不普通。

在河南省方城县，11年前，打工汉孔某沉浸在喜得千金的兴奋中时，妻子张某却告诉了他一个残酷的事实：这个新生命是她和别人的孩子！经过一番痛苦挣扎，孔某最终原谅了妻子，并将孩子视如己出。然而，11年后，这个孩子却患了白血病，生命告急！孔某能够做出惊人之举、允许妻子再次怀上旧情人的孩子用脐血干细胞挽救第一个孩子的生命吗？一方面是有悖传统道德的"奇耻大辱"，一方面是对11岁花季少女生命的无私拯救，孔某一颗平常而博大的心，被亲情和伦理这两条绳索揪紧了……

2003年4月10日上午，并非孔某亲生女儿的小华（化名）在学校突然晕倒，到医院诊病，结果确诊小华患的是淋巴性白血病。

医生对孔某夫妇说，要想治好小华的病，需要张某再生个孩子，用新生儿的脐血挽救小华。这就意味着张某必须与旧情人任炎再生一个孩子，这怎么可能呢？妻子张某痛苦地低下了头，孔某更是痛苦万分：本来小华就不是自己的骨肉，怎么能再要一个又不是自己骨肉的孩子呢？

经过反复思考，孔某做出了一个令人难以置信的决定：让张某与任炎再生一个孩子救小华！然而，这个决定遭到了张某的坚决反对："这十多年来，我们早就没有任何来往，况且双方都已有家室，你让我怎么跟他讲？再说，我至死都不想让任炎知道小华是他的亲生女儿，我更不能再做对不起你的事啊！"

"生命高于一切。为了小华的生命，请你好好考虑考虑吧！"孔某诚恳地对张某说。张某又何尝不想救女儿呢？只是她万分珍惜与孔某的感情，实在不愿让这份感情再受到任何玷污了。

考虑了三天，张某觉得自己无论如何都不可能再和任炎有什么瓜葛。如果能用其他的方法与任炎再生一个孩子，倒还可以考虑。与孔某商量后，夫妇俩坦率地把自己的隐私对大夫讲明了，大夫说："你们可以采用人工授精的方法怀孕，这样也能使孩子获救。"

2004 年春节前夕，孔某找到并说服了任炎，使任炎答应捐出精子。

2004 年 3 月医生为张某做了特殊的人工授精手术。手术做得很顺利，一个多月以后，张某就怀孕了。看着妈妈渐渐隆起的肚皮，小华知道新的小生命与自己的生命紧紧相系，久违的笑容，再一次回到了她的脸上。

2005 年 1 月 5 日，张某在县妇幼保健院顺利产下一个女婴。生产以后，孔某当即带上装在保温箱里的一段脐带，到省人民医院做配型化验。1 月 11 日，从郑州传来喜讯，配型成功！2 月 7 日，张某刚刚坐完月子，孔某和她就带着两个女儿到医院，找到了大夫，大夫马上安排孩子住院。观察七天后，为小华做了亲体配型脐血干细胞移植手术。手术进行了两个半小时，非常成功。住院观察期间，小华未出现大的排异反应，于 3 月 11 日痊愈出院。小华稚嫩的生命，终于又重新扬起了希望的风帆。

显然，孔某就这样承受了有悖传统伦理的"奇耻大辱"，奉献了拯救孩子生命的大爱！尽管他因此陷入难言的尴尬和隐痛中，但他的人生却因此显现了人性的光芒，令人肃然起敬。即便人们知道了其中的隐情，谁还能忍心讥讽他？因为任何人都难以做到。所以，能做到的人才最值得别人去尊敬和赞美。

人之毁我，与其能辩不如能容

对于他人的恶意诋毁，只要不是原则性的大事，我们与其与之针锋相对，莫不如任他去"撒泼"。须知，世事到头终有报，再过几载，你便可见"忍"与"逞"的区别。

世上有许多灾祸、矛盾的起因可能都是些微不足道的小事，只因彼此针锋相对，谁也不肯吃亏，才会将问题升级，演变得不可收拾。这其中因口舌之争而引发无穷祸患的例子不在少数。如果此时可以退让一步，其实是可以将祸患化于无形的。

唐开元年间有位梦窗禅师，他德高望重，既是有名的禅师，也是当朝国师。

有一次梦窗禅师搭船渡河，渡船刚刚离岸，远处走来一位骑马佩刀的武士，大声喊道："等一等，等一等，载我过河。"他一边说一边把马拴在岸边，拿着马鞭朝水边走过来。

船上的人纷纷说："船已离岸，不能回头了，干脆让他等下一回吧。"船夫也大声回答他："请等下一回吧。"武士急得在岸边团团转。

坐在船头的梦窗禅师对船夫说："船家，这船离岸还没多远，你就行个方便，掉过船头载他过河吧。"船夫见梦窗禅师是位气度不凡

的出家人，便听从他的话，把船驶了回去，让那位武士上了船。

武士上船后就四处寻找座位，无奈座位都满了，这时他看到了坐在船头的梦窗禅师，便拿马鞭抽打他，嘴里还粗野地骂道："老和尚，走开点！把座位让给我！难道你没看见本大爷上船？"这一鞭正好打在梦窗禅师的头上，鲜血顺着脸颊汩汩地流了下来，梦窗禅师一言不发地起身把座位让给了蛮横的武士。

这一切都被船上的乘客们看在眼里，大家既害怕武士的蛮横，又为禅师的遭遇抱不平，就窃窃私语：这个武士真是忘恩负义，要不是禅师请求，他能搭上船吗？现在他居然还抢禅师的位子，还动手打人，真是太不像话了。武士从大家的议论中明白了事情的原委，心里十分惭愧，可是又拉不下面子去认错。

等船到了对岸，大家都下了船。梦窗禅师默默地走到水边，用水洗掉了脸上的血污。

那位武士再也忍受不了良心的谴责，上前跪在禅师面前忏悔道："禅师，我错了。对不起。"禅师心平气和地说："不要紧，出门在外难免心情不好。"

很多时候我们发脾气、与别人发生冲突，都只是因为一念之差。如果当时能把火气压制住，让自己头脑冷静一下，或许就不会产生纠纷了。但遗憾的是，人们往往因为惯有的习气而不能宽容别人，结果造成了许多不必要的麻烦。

须知，隔阂一旦形成，就很难再消除，所以对于那些无谓的琐事，我们不妨"糊涂"一些，权当不知，这样于你、于他而言，都可以说是一件幸事。

宋朝的吕蒙正刚任参知政事（副宰相），一天正在准备上朝时，有一位官吏躲在门帘后头说："就是这个不学无术的小子当上了参知政事呀？"吕蒙正假装没听见就走过去了。与吕蒙正同在朝班的大臣非常愤怒，下令责问那个人的官位和姓名。吕蒙正急忙制止，不让查问。下朝以后，那些大臣仍然愤愤不平，后悔当时没有彻底查问。但是吕蒙正则说："一旦知道那个人的姓名，我就一辈子也不会忘记了，始终要记着他说过我的坏话。倒不如不知道他是谁为好。这样对我来说也没有什么损失。"当时的人都很佩服吕蒙正的度量。

吕蒙正的同窗好友温仲舒，与其同年中举。然而温仲舒因在任上犯案被贬多年，吕蒙正成为宰相以后，怜惜他的才能，便向皇上举荐温仲舒。后来，温仲舒为了在皇上面前显示自己的才能，竟常常刻意去贬低吕蒙正，甚至在吕蒙正触逆"龙鳞"之时，他还不忘落井下石。当时，朝臣们都很看不起温仲舒的为人。

有一次，吕蒙正在夸赞温仲舒的才能，太宗皇帝突然问道："你一直对他夸赞有加，可是他却经常将你说得一钱不值，难道你真的一点儿也不介意？"

吕蒙正笑了笑："陛下既然把我放在了这个位置上，就一定是知道我晓得如何欣赏别人的才能，并能让他才当其任。至于别人在背后怎么议论我，又岂是我职权之内所管的事情呢？"太宗闻言龙颜大悦，从此更加敬重吕蒙正的为人。

我们在生活中可能遇到类似的情形，可能是别人不怀好意的侮辱，也可能是出于误解，甚至是平白无故的批评。如果我们不肯忍耐，非要计较个一清二白，那或许反而会把事情弄得更糟。

其实，即使一个非常宽容的人，也往往很难容忍别人对自己的恶意诽谤和致命的伤害。但唯有以德报怨，把伤害留给自己，才能赢得

一个充满温馨的世界。正如有句话说："以恨对恨，恨永远存在；以爱对恨，恨自然消失。"

面对那些无意的伤害，宽容对方会让对方觉得你心胸博大，可以消除无心人对你造成伤害后的紧张，可以很快愈合你们之间不愉快的创伤。而面对那些故意的伤害，你博大的心胸会让对方无地自容，因为宽容对方体现出的是一种境界。宽容是对怀有恶意者最有效的回击，不管别人有意还是无意伤害了你，其实他的内心也会感到不安和内疚，或许是因为碍于所谓的"面子"而不肯认错，而你的宽容就会使彼此获得更多的理解、认同和信任。自己也有犯错的时候，并会因为犯错觉得担心，不知所措，希望对方能原谅自己，同时也会对自己的缺点忐忑，不希望被别人看不起。所以就要站在对方的角度考虑，当自己遇到不原谅别人错误的人会怎么想。

事事计较是不会有什么结果的，已经发生了的事情不会有任何改变，也不能扭转任何已经发生了的事情。以宽容的态度待人，以理解作为基础，站在客观的角度给人评价，可以从别人身上学到自己所没有的优点，也能使自己对对方的不足给予善意的充分理解。在日常生活中，时不时都会有如何要求别人的时候，还有如何对待自己的问题。能否把握好一个律己和待人的态度，不仅能充分反映出一个人的修养，还能培养与人之间的良好关系。

取大节，宥小过

一个人的一生中不可能没有失误，也不可能不犯错误，能容人之错，使之有改过之机，则可谓之为贤者。

在中国几千年的历史文化中，成人之美俨然已经成为有德之人倍加推崇的一项做人准则，故有"君子成人之美，不成人之恶"一说。在古代君子们看来，"美事"未必非我不可，成他人之美亦是成我之美，而"成人之恶"则是一种罪大恶极的行为，势为君子所不容。

诚然，古君子的思想放在"计划没有变化快"的当代社会，或许会有几分偏颇。但其本质上的要义于我们修身养性、为人处世还是有很大益处的。当有人冒犯我们时，只要不是出自恶意、不是重大原则性的问题，我们就不妨"成其之美"一回，取其大节，宥其小过，以春雨润物之势俘获对方的身心，这显然会令你收获颇丰。

早在唐朝时期，有一名为谢原的才子，其人擅词赋，尤以歌词见长，所作歌词广泛流传于民间。

有一年，谢原应张穆王之邀，前去做客。席间，张穆王命小妾谈氏隔帘弹唱，事有凑巧，谈氏所唱之曲，正是谢原的一首竹枝词。张穆王见谢原听得如痴如醉，便将谈氏唤出与之相见。

谢原见谈氏风华绝代，又对自己的词作甚为推崇，遂心生爱慕之情。于是，他起身说道："能闻夫人弹唱拙词，在下不胜荣幸，但夫

人所唱之词，实为在下粗浅之作，恐辱没夫人。我当竭心再作几首好词，以备府上之需。"

翌日，谢原即奉上新词八首，谈氏将其逐一谱曲弹唱，谢原更感相见恨晚。此后数日，谢原与谈氏词曲往来，情愫渐生。终于有一日，谢原隐忍不住，向谈氏道出了渴慕之情。谈氏虽亦有意，但无奈已为人妾，身不由己。

于是，谢原甘冒杀头之罪，请求张穆王成全他二人。

正常情况下，若换作别人，必然拍案而起、动雷霆之怒。然而，张穆王却一笑了之："其实我亦有此意！虽然心中尚有几分不舍，但你二人一擅作词，一擅谱曲，珠联璧合，实乃天造地设的一对！"

谢原万没有想到张穆王竟如此大度，不禁感恩戴德。为作报答，他将此事写成词，由谈氏谱曲，二人四处传唱。不多时，张穆王成人之美的美名，便在中原大地上传唱开来，很多有识之士闻讯都前来投奔。

张穆王的气度与胸怀为他赢得了天下才子的"芳心"，更赢得了千载的美名，显然，他是非常睿智和高明的。我们做人亦应以此为榜样，当然，未必要到让妻这么夸张，但对于属下或同事的失误，我们最好是不要抓住不放、小题大做、四处宣扬，而应取其大节，以诚感人、用"爱语"纠错，这样自会起到"润物细无声"的效果。

其实，每一个人都会犯错，每一个人犯错时，内心又多少都会感到惶恐与不安，都会带有几分愧疚与歉意，此时如果我们再求全责备，则势必会引起对方的不快，甚至会激起他的逆反心理，若如此，则世上无人才可用了。所以，人生修为达到一定境界的人，大多会视情况采用柔忍策略，用柔和之词去启发、劝导他修正错误。这样一来，失误者便会对其心悦诚服，心存感激。

公元前 606 年，楚庄王率领军队一举平定了斗越椒的反叛，天下太平。楚庄王兴高采烈地设宴招待大臣，庆祝征战胜利，并赏赐功臣。

文武百官都在邀请之列，只见席中觥筹交错，热闹异常。到了日落西山，大家似乎还没有尽兴。楚庄王便下令点上烛火，继续开怀畅饮，并让自己最宠幸的许姬来到酒席上，为在座的宾客斟酒助兴。文武官员都已经喝得差不多了，见到许姬的美貌，便忍不住多看几眼，有些人就动了心。

突然，外面一阵大风吹来，宴席上的烛火熄灭了。黑暗之中有人伸手扯住许姬的衣裙。许姬一时受到惊吓，慌乱之中，用力挣扎，不料正抓住那个人的帽缨。她奋力一拉，竟然扯断了。她手握那根帽缨，急急忙忙走到楚王身边，凑到楚王耳边委屈地说："请大王为妾做主！我奉大王的旨意为下面的百官敬酒，可是不想竟有人对我无礼，乘着烛灭之际调戏我。"

楚庄王听后，沉默不语。许姬又急又羞，催促他："妾在慌乱之中扯断了他的帽缨，现在还在我手上，只要点上烛火，是谁干的自然一目了然！"说罢，便要掌灯者立即点灯。

楚庄王赶紧阻止，高声对下面的大臣说："今日喜庆之日难得一逢，寡人要与你们喝个痛快。现在大家统统折断帽缨，把官职帽放置一旁，毫无顾忌地畅饮吧。"

众大臣见楚王难得有这样的好心情，都投其所好，纷纷照办。等一会儿点烛掌灯，大家都不顾自己做官的形象，拉开架势，尽情狂欢。后来人们都管这场宴会叫"绝缨会"。

许姬对庄王的举措迷惑不解，仍然觉得委屈，便问："我是您的

人，遇到这种事情，您非但不管不问，反而还替侮辱我的人遮丑，您这不是让别人耻笑吗？以后还怎么严肃上下之礼呢？妾心中不服！"

庄王笑着劝慰说："虽然这个人对你不敬，但那也是酒醉后出现的狂态，并不是恶意而为。再说我请他们来饮酒，邀来百人之欢喜，庆祝天下太平，又怎么能扫别人兴呢？按你说的，也许可以查出那个人是谁。但如果今日揭了他的短，日后他怎么立足呢？这样一来，我不就失去了一个得力助手吗？现在这样不是很好吗？你依然贞洁，宴会又取得了预期的效果，那人现在说不定也如释重负。"

许姬觉得庄王说得有理，考虑得也很周全，就没有再追究。

两年后，楚国讨伐郑国。主帅襄老手下有一位副将叫唐狡，毛遂自荐，愿意亲自率领百余人在前面开路。他骁勇善战，每战必胜，出师告捷，很快楚军就得以顺利进军。庄王听到这些好消息后，要嘉奖唐狡的战绩。唐狡站在庄王面前，腼腆地说："大王昔日饶我一命，我唯有以死相报，不敢讨赏！"

楚庄王疑惑地问："我何曾对你有不杀之恩？"

"您还记得'绝缨会'上扯住许姬的衣裙吗？那个人就是我呀！"

所谓人无完人，对人我们不能苛求完美。用人时要扬人之长，避人之短；对有过失的人，哪些能用，哪些不能用，要因人而异，不可一概而论，更不能求全责备，以短盖长。现实生活中，对人同样如此。也只有这样，才能让许多有才能、有个性的人团结在你的周围，帮助你成就事业。

比丘常带三分呆

宽，则能容；容，则能和；和，则能平。一念间的宽容，能换来长久的安乐；一时的委屈，能换来最后的成功。

佛陀常常告诫弟子们，"比丘常带三分呆"，是要弟子们做大智若愚之状，凡事不要太计较，即使遭到了别人的无礼冒犯也要宽恕他们，因为宽恕别人，也是升华自己。

20 世纪 50 年代，台湾的许多商人知道于右任是著名的书法家，纷纷在自己的公司、店铺、饭店门口挂起了署名于右任题写的招牌，以此招徕顾客。其中确为于右任所题的极少，赝品居多。

一天，一学生匆匆地来见于右任，说："老师，我今天中午去一家平时常去的小饭馆吃饭，想不到他们居然也挂起了以您的名义题写的招牌。明目张胆地欺世盗名，您老说可气不可气！"

正在练习书法的于右任"哦"了一声，放下毛笔，然后缓缓地问："他们这块招牌上的字写得好不好？"

"好我也就不说了。"学生叫苦道，"也不知他们在哪儿找了个新手写的，字写得歪歪斜斜，难看死了。下面还签上老师您的大名，连我看着都觉得害臊！"

"这可不行！"于右任沉思片刻，说道，"你说你平时经常去那家馆子吃饭，他们卖的东西有啥特点，铺子叫个啥名？"

"这是家面食馆，店面虽小，饭菜都还做得干净。尤其是羊肉泡馍做得特地道，铺名就叫'羊肉泡馍馆'。"

"呃……"于右任沉默不语。

"我去把它摘下来！"学生说完，转身要走，却被于右任喊住了。

"慢着，你等等。"

于右任顺手从书案旁拿过一张宣纸，拎起毛笔，刷刷刷在纸上写下了些什么，然后交给恭候在一旁的学生，说道："你去把这个东西交给店老板。"

学生接过宣纸一看，不由得呆住。只见纸上写着笔墨酣畅、龙飞凤舞的几个大字——"羊肉泡馍馆"，落款处则是"于右任题"几个小字，并盖了一方私章。整幅书法，可称漂亮之至。

"老师，您这……"学生大惑不解。

"哈哈。"于右任捋着长髯笑道，"你刚才不是说，那块假招牌的字实在是惨不忍睹吗？这冒名顶替固然可恨，但毕竟说明他还是瞧得上我于某人的字，只是不知真假的人看见那假招牌，还以为我于大胡子写的字真的那样差，那我不是就亏了吗？我不能砸了自己的招牌，坏了自己的名头！所以，帮忙帮到底，还是麻烦你跑一趟，把那块假的给换下来，如何？"

"啊，我明白了。学生遵命。"转怒为喜的学生拿着于右任的题字匆匆去了。就这样，这家羊肉泡馍馆的店主竟以一块假招牌换来了当代大书法家于右任的墨宝，喜出望外之余，未免有惭愧之意。

宽恕，亦是一种净化。当我们手捧鲜花送给他人时，首先闻到花香的是我们自己；而当我们抓起泥巴想抛向他人时，首先弄脏的就是我们自己的手。

宽恕别人并不困难，但也不容易，关键要看我们的心灵是如何选择的。

美国前总统林肯，少年时期曾在一家杂货店打工。有一次，一位顾客的钱包被另一位顾客拿走了，丢了钱包的顾客认为钱是在店中丢的，所以杂货店应当负责，便与林肯发生了争执。而杂货店的老板却为此开除了林肯，老板说："我必须开除你，因为你令顾客对我们店的服务很不满意，因此我们将失去许多生意，我们应该学会宽恕顾客的错误，顾客就是我们的上帝。"

林肯一直都不接受这位顾客的无理和原谅老板的不通情理，但是很多年以后，做了总统的林肯却意味深长地说："我应该感谢杂货店的老板，是他让我明白了宽恕是多么的重要。"

宽恕别人，就是善待自己。仇恨只能让我们的心灵永远生存在黑暗之中；而宽恕，却能让我们的心灵获得自由，获得解脱。

其实，宽恕别人的过错，得益最大的是我们自己。曾有这样一个案例，荷兰的一所著名大学的研究人员组织了一批志愿者做了一项有关"宽恕"的实验。

志愿者们被要求想象他们被人伤害了感情，并反复"回忆"被伤害时的情景。研究人员发现，此时的志愿者在身体上和精神上的压力同时加大，伴随着血压升高，他们心跳加快、出汗、面部表情扭曲。之后，研究人员又要求他们停止想自己被别人伤害的事情，虽然没有刚才的生理反应大，但是某些生理症状却依旧存在。最后，志愿者被要求想象已经原谅了自己的"假想敌"，这时，志愿者感到身心放松并且非常的愉快。

这样，研究人员得出结论：宽恕别人，并不意味着为犯错的人找

借口，而是将目光集中在他们好的方面，从而把自己从痛苦中拯救出来。这正应了那句话：不要拿别人的错误来惩罚自己。

对愤怒的人，以愤怒还击，是一件不应该的事。对愤怒的人，不以愤怒还击的人，将可得到两个胜利：知道他人的愤怒，而以正念镇静自己的人，不但能胜于自己，也能胜于他人。这就是宽恕的力量。

第九篇 不谓分明，难得糊涂
——时似酒醉时似醒，平生常念糊涂经

　　人生本就是一场戏，看清了，也就释然了。郑板桥的那四个字"难得糊涂"包含着人生最清醒的智慧和禅机，只可惜有一部分人悟不透、做不到，所以，终日郁郁寡欢，忙碌不堪，事事要争个明白，处处要求个清楚，结果才发现因为太清醒了、太清楚了反倒失去了该有的快乐和幸福，留给自己的也就只剩下清醒之后的创痛。难得糊涂，糊涂难得。留一半清醒留一半醉，才能在平静之中体味这人生的酸、甜、苦、辣。

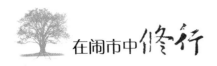
忙处偷闲，痴中取乐

人常说难得糊涂，在细枝末节上粗糙点，留着精力、留着体力去做真正有意义的事情，你的人生岂不是更有价值？

休息了两天，星期一上班，却见同事无精打采，一脸疲倦。问其何故，答曰：整理房间，清理柜橱，大清扫，洗衣服、被褥、床单、窗帘，擦门窗、桌柜、地板，两天没闲着，比上班还累。这同事家曾经去过，异常的干净，名副其实的一尘不染，简直可以和星级酒店相媲美。

但正如某广告词所言，能够有一个五星级的家固然是好，可是要看看付出的代价是不是太大。有的人为了装饰一个值得自豪的家，省吃俭用，置办高档家具，有了够星级的家，又得打扫除尘，天天忙个不停，这并不是一件合算的事。记得有一位名人曾经说过：并非所有的事情都值得全心全意去做。从这个意义上说：人，不如活得粗糙一点儿。家是休息的地方，相对舒适整洁一些就可以了。

活得粗糙点儿，就是多爱自己一点儿。朋友也不必多多益善。人说，多个朋友多条路，其实，也并不完全是那么回事。有时，朋友太多了并不见多了路，反而多了许多负担。世界太大了，想做的事太多了，可是人生太有限了，能做得过来吗？

一位留学生与同学在洛杉矶的朋友路易斯家吃饭，分菜时，路易斯有些细节问题没有注意，客人倒没注意，而且即使发现也不会在意。

可是主人的妻子竟毫不留情地当众指责他："路易斯，你是怎么搞的！难道这么简单的分菜，你就永远都学不会吗？"接着她又对众人说，"没办法，他就是这样，做什么都糊里糊涂的。"

诚然，路易斯确实没有做好，但这……该留学生真佩服这位美国友人，竟然能与妻子相处10余年而没有离婚。在他看来，宁可舒舒服服地在街头吃肉夹馍，也不愿意一面听着妻子唠叨，一面吃鱼翅、龙虾。

不久以后，该留学生和妻子请几位朋友来家中吃饭。就在客人即将登门之时，妻子突然发现有两条餐巾的颜色无法与桌布相匹配，留学生急忙来到厨房，却发现那两条餐巾已经送去消毒了。这怎么办？客人马上就要到了，再去买显然已经来不及了，夫妻二人急得团团转。但该留学生转念一想："我为什么要让这个错误毁了一个美好的晚上呢？"于是，他决定将此事放下，好好享用这顿晚餐。

事实上他做到了，而且，根本就没有一个客人注意到餐巾的不匹配问题。

狄士雷曾经说过："生命太短暂，无暇再顾及小事。"其实，我们根本没有必要把所有事情都放在心上，做人不妨糊涂一点儿，将那些无关紧要的烦恼抛到九霄云外，如此你会发现，生命中突然多了很多阳光。

乡村有一对清贫的老夫妇，有一天他们想把家中唯一值点钱的马拉到市场上去换点更有用的东西。老头牵着马去赶集了，他先用马与人换得一头母牛，又用母牛去换了一只羊，再用羊换来一只肥鹅，又把鹅换了母鸡，最后用母鸡换了别人的一口袋烂苹果。

在每次交换中，他都想给老伴一个惊喜。

当他扛着大袋子来到一家小酒店歇息时，遇上两个英国人。闲聊中他谈了自己赶集的经过，两个英国人听后哈哈大笑，说他回去准得

挨老婆子一顿揍。老头子坚称绝对不会，英国人就用一袋金币打赌，二人于是跟从老头子一起回到家中。

老太婆见老头子回来了，非常高兴，她兴奋地听着老头子讲赶集的经过。每听老头子讲到用一种东西换了另一种东西时，她都充满了对老头的钦佩。

她嘴里不时地说着："哦，我们有牛奶喝了！"

"羊奶也同样好喝。"

"哦，鹅毛多漂亮！"

"哦，我们有鸡蛋吃了！"

最后听到老头子背回一袋已经开始腐烂的苹果时，她同样不愠不恼，大声说："我们今晚就可以吃到苹果馅饼了！"

结果，英国人输掉了一袋金币。

不要为失去的一匹马而惋惜或埋怨生活，既然有一袋烂苹果，就做一些苹果馅饼好了，这样生活才能妙趣横生、和美幸福，而且，你才有可能获得意外的收获。

且于半醉半醒间

很多事情你永远也看不清，但看不清就看不清，并无大碍。你只管做自己的事就可以了。

"一切众生即非众生"，这个世界上有太多的人和事你永远都管不完看不清。所以，清醒的时候就难免心烦意乱，不得安宁，还是糊涂一点儿更快乐。

曾国藩从小立志要成为圣人，但才情有限，别人都飞黄腾达了，他还屈居乡里。一天他闷闷不乐地散步到郊外，看见一座破庙，就信步走入。

破庙中，一个老僧正拥炉看书，看得津津有味。

曾国藩忍不住上前，想看清那是一本什么书值得这样看。

但就在他刚瞟到书名的那一瞬间，那老僧竟然把书扔进了炉子里。

曾国藩吃了一惊，呆立在那里。老僧哈哈大笑，还向曾国藩解释道："我是疯子，我是疯子。"随后进屋睡觉，再不理人。

这件事给曾国藩留下了深刻印象。很多年后他向李鸿章说起，问李鸿章是否明白疯僧的用意。

李鸿章聪明绝顶，但偏偏不说，假装苦思冥想不得其解，谦虚地说："学生实不知，还是老师为我解惑吧。"

曾国藩微微叹息道："疯僧烧书之举，意在点醒我。"

"哦？"

"那时我什么都想弄明白，其实什么都不明白，疯僧此举看似癫狂，其实用意颇深。他在告诉我：很多事情是永远看不清的，但看不清就看不清，并无大碍。你只管做你自己的事就可以了。"

古人说："水至清则无鱼，人至察则无徒。"水太清澈了，鱼儿们无法藏身，也无法找到可以维持生存的食物，当然只有另寻可以生存的水域。人活得太清楚，要求太苛刻，也就没有了朋友。因为所有的人都有这样或那样的缺点。你紧抓着这些不放，当然没有人敢接近你。做事也是如此，有时你只需睁一只眼，闭一只眼就可以了。把事做绝

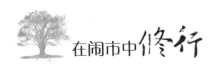

了，做的太清楚了只能让人害怕你的苛刻，讨厌你的精细和烦琐。所以，当你再次要求别人去做事时，别人当然是能避则避，能推则推，这时的你也许还会觉得别人不够义气，却不知是因为你活得太过清醒，要求得太过严苛。

所以，人何必活得那么清醒，自己太累，别人也不舒服。

只有糊涂一点儿，人才会清醒，才会冷静，才会有大气度，才会有宽容之心，才能平静地看待世间这纷纷乱乱的喧嚣，尔虞我诈的争斗；才能超功利，拔世俗，善待世间的一切，才能居闹市而有一颗宁静之心，待人宽容为上，处世从容自如。

有了"糊涂"这种大智慧，你就会感到"天在内，人在外"，天人合一，心灵自由，获得一种从未有过的解放。

凭着这颗自由的心，你再不会为物所累，为名所诱，为官所动，为色所惑。

有了这种大智慧，你才会幡然顿悟，参透人生，超越生命，不以生为乐，不以死为悲，天地悠悠，顺其自然，人间得以恬静，心灵得以安宁。

睁眼视己，闭眼视人

睁一只眼观心自省，闭一只眼淡看红尘是与非，就是一种很高的人生修行了。

人生难得糊涂，过分的精打细算，有时仍抵不过天算。所以很多时候，我们不妨睁一只眼睛闭一只眼睛做人。不过，要做到这一点确实不易，这不仅需要有一定的修养，还需要有一定的雅量。

孔子周游列国，有一天看到两个猎人正四目相对，好像为了一件事而争论得面红耳赤，唾沫横飞。

孔子便询问他们在争论什么，原来是为了一道算术题。矮个儿说三八等于二十四，高个儿坚持说三八等于二十三，于是二人各持己见、争论不休，以致几乎动起手来。

最后，二人打赌请一个圣贤做裁定，如果谁的答案正确，对方就将一天的猎物给胜者。

这时，孔子来到他们的跟前。二人请孔子裁定。

谁知，孔子竟叫认为三八等于二十四的矮个儿，将猎物交给认为三八等于二十三的高个儿猎人。高个儿拿着猎物走了，矮个儿当然不能答应。

他气愤地说："三八二十四，这是连小孩子都不争论的真理，你是圣人却认为三八等于二十三，看样子也是徒有虚名啊！"

孔子笑道："你说的没错，三八等于二十四是小孩子都懂的真理，你坚持真理就行了，干嘛还要与一个根本就不值得认真对待的人，去讨论这种不用讨论已经再明显不过的问题呢？"

矮个儿猎人似有所悟，孔子拍拍他的肩膀，说道："那个人虽然得到了你的猎物，但他却得到了一生的糊涂；你虽失去了猎物，但却得到了深刻的教训！"

矮个儿猎人听了孔圣人的话点了点头。

人生，没有必要太过较真，你只需把真理留在心间，又何必非要每个人都与你"心意相通"？人生于世，若是能够做到睁一只眼观心

自省，闭一只眼淡看红尘是与非，就是一种很高的修行了。

其实很多时候，我们之所以感到不满足和失落，恰恰是因为我们在闭眼看自己，却将眼睛睁得大大地去看待这个世界，因而我们感到不公、感到不幸、感到别人都比我们幸运！如果我们安心享受自己的生活，不和别人比较，在生活中就会减少许多无谓的烦恼。

某日早上 5 点，大师出去为自己庙里的葡萄园雇民工。

一个小伙子争着跑了过来。大师与小伙子议定一天 10 块钱，就派小伙子干活去了。

7 点的时候，大师又出去雇了个中年男人，并对他说："你也到我的葡萄园里干活吧！一天我给你 10 块钱。"中年男人就去了。

9 点和 11 点的时候，大师又同样雇来了一个年轻妇女和一个中年妇女。

下午 3 点的时候，大师又出去，看见一个老头站在那里，就对老头说："为什么你站在这里整天闲着？"

老头对他说："因为没有人雇我。"

大师说："你也到我的葡萄园里干活吧！"

到了晚上，大师对他的弟子说："你叫所有的雇工来，发给他们工资，由最后来的开始，直到最先来的。"

老头首先领了 10 块钱。

最先被雇的小伙子心想：老头下午才来，都挣 10 块钱，我起码能挣 40 块。可是，轮到他的时候，也是 10 块钱。

小伙子立即就抱怨大师，说："最后雇的老头，不过工作了一个时辰，而你竟把他与干了整整一天的我同等看待，这公平吗？"

大师说："施主，我并没有亏负你，事先你不是和我说好了一天

10 块钱吗？拿你的钱走吧！我愿意给这最后来的和给你的一样。难道你不许我拿自己所有的财物，以我所愿意的方式花吗？或是因为我对别人好，你就眼红吗？"

小伙子听后，默然不语……

生活中，我们只需争取我们该得到的，又何必眼红别人比自己得到的更多。若一路比下去，你定然会沉沦在痛苦之中！享受你所得到的，珍惜你所拥有的，"得过就且过"吧！

看破不点破

你看破世界，是你的本事，但是你何必把世界都点破呢？

这世界上聪明之人比比皆是，一件触犯忌讳的事，很多人或许都已经看破，但大家就是憋着不说，专等着那些急于显摆自己智商的人去揭破，然后笑着看着他们成为炮灰——不费吹灰之力就除去了一个竞争对手，何乐而不为呢？

所以说，我们做人时刻都要留点心眼，你固然聪明，但也不要太过锋芒毕露，这样做除了能满足你那无谓的虚荣心，还能表明什么呢？显然，它反而会使你成为那根"出头的橡子"、那只"被枪打落的出头鸟"。退一步说，即便是在不掺杂任何竞争因素的朋友交往中，倘若你太不知分寸，凡事都要点个明明白白，也一定不会受到欢迎。因为你在彰显聪明的同时，已然无形中贬低了朋友的智商，谁又会对此

无动于衷呢?

某女士新近购置一所住房,装修时托付室内设计师为自己的卧室装饰了一些窗帘。然而,等到账单送来时,她不禁瞠目结舌——太贵了,但既然已经买了,就是心疼也没有办法。

几天以后,她的一位朋友前来造访,她们来到卧室,朋友很快就被那副窗帘吸引了:"哦,它真的很漂亮不是吗?你花了多少钱?"但当她说出价钱时,朋友的脸上不禁呈现出怒色:"什么?你被骗了!他们太过分了!"

诚然,她说的是实话,但又有谁喜欢别人轻视自己的判断力呢?于是,房主开始为自己辩护,她告诉朋友:一分钱一分货,斤斤计较的人永远不可能买到既有品位而质量又高的东西。接着,二人你一言我一语,展开了口舌战,最终不欢而散。

又过了几天,另一位朋友也来参观新居,与上一位朋友不同,她一直对那些窗帘赞赏有加,并有些失落地表示,希望自己也能买得起这样精美的窗帘。听到这番话,房子的主人坦言,其实自己也不想买这么贵的窗帘,确实有些负担不起,现在已经后悔自己所托非人了。

人在犯错时,也许会对自己承认,但如果被他人直言不讳地指出来,则往往很难接受,甚至会为维护自己的尊严而展开反击。试想,如若有人硬将鱼刺塞进你的咽喉,你会做何反应?话,有时不必说得太明白,即使事实摆在那里,也不该由你去揭破,让自己含糊一点儿,没有人会怀疑你的智商。事实上,如果换一种方式去渗透,反而会收到更好的效果。

这天早上,李雪来到了总经理办公室。

"总经理,昨天交给您的文件,您签好了吗?"

总经理眯着眼睛想了想，随后又翻箱倒柜地找了一遍，最后很无奈地摊开双手：

"不好意思，我从没见过你交上来的文件。"

倘若是在两年前，倘若刚刚毕业那会儿，她一定会据理力争："总经理，我明明将文件交给了您，而且亲眼看着您的秘书将它摆在了办公桌上，是不是您将它当作废纸丢掉了？"

但是现在，在吃过几次亏以后，她变得聪明了，现在的她绝不会这样做。只听她平静地说道："那有可能是我记错了，我再回去找一下吧。"

李雪回去以后，并没有去找什么文件，而是直接将文件原稿从电脑中调出，重新打印了一份。当她再次将文件放到总经理面前时，对方只是象征性地扫了一眼，便爽快地签了字。

其实，总经理心里非常清楚文件的去向……

有些时候，谁是谁非并不重要。人在矮檐下，争辩又有何用呢？反而有可能会因此断送了自己的前程。装装糊涂，铺个台阶给对方下，也许你会得到意想不到的收获。

对于职场中人而言，上司就是主宰你前途的那个人，与他们相处，我们没有必要太过较真。正所谓"人在屋檐下，怎能不低头"，在一些小事上你留给他们足够的面子，他们自然会心知肚明，那么在将来的某些"大事"上，他们也一定会给予你相应的关照。

其实，这世间本无绝对的对与错，更无绝对的公平，有时候要想活得更好，就必须要适当地让自己糊涂一下，"委屈"一下。

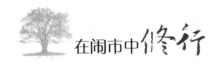

俗人昭昭，我独昏昏；俗人察察，我独闷闷

人生梦一场，醒时梦时没什么大的区别，如果放下所有的一切，梦时反而比醒时幸福。所以，醒时也不妨让自己做做梦，活得轻松一点，糊涂一点。

人生是个万花筒，一个人在复杂莫测的变幻之中，需要运用足够的智慧来权衡利弊，以防失手于人。但是，人有时候亦应以静观动，守拙若愚。这种处世的艺术其实比聪明还要胜出一筹。聪明是天赋的智慧，糊涂是后天的聪明，人贵在能集聪明与愚钝于一身，随机应变，该糊涂处且糊涂。

一位小和尚对于许多事都弄不明白，觉得自己很笨，没有别人活得清醒，便去请教禅师如何能让自己活得清醒一点。

禅师并没有非常明确地说明，却对他讲了一个庄周梦蝶的故事：

战国时期，哲学家庄周一直生活在痛苦当中，没有知己，他必须强迫自己摒除杂念，才能独自地生活下去。

一天黄昏，他实在想放松一下，便去了郊外。那里有一片广阔的草地，绿油油的青草散发出芳香。他仰面躺到了草地上，尽情地享受着，不知不觉就进入了梦乡。在梦中，他变幻成了一只色彩斑斓的蝴蝶，在花草丛中尽情地飞舞着。上有蓝天白云，下有金色的大地，周围的景色也十分迷人，一切都是那么的快乐与温馨。他完全忘却了自我，整个人都被美妙的梦境所陶醉了。

梦终归有醒时，但他对于梦境与现实无法区分。过了许久，清醒了的他才发出一声感慨："庄周还是庄周，蝴蝶还是蝴蝶。"

人生梦一场，醒时梦时没什么大的区别，如果放下所有的一切，梦时反而比醒时幸福。所以，醒时也不妨让自己做做梦，活得轻松一点，糊涂一点。

老子大概是把糊涂处世艺术上升至理论高度的第一人。他自称"俗人昭昭，我独昏昏；俗人察察，我独闷闷"。而作为老子哲学核心范畴的"道"，更是那种"视之不见，听之不闻，搏之不得"的似糊涂又非糊涂、似聪明又非聪明的境界。人依于道而行，将会"大直若屈，大巧若拙，大辩若讷"，中国人向来对"智"与"愚"持辩证的观点，《列子·汤问》里愚公与智叟的故事，就是我们理解智愚的范本。庄子说："知其愚者非大愚也，知其惑者非大惑也。"人只要知道自己愚和惑，就不算是真愚真惑。是愚是惑，各人心里明白就足够了。

孔子说："宁武子，邦有道则知，邦无道则愚。其知可及也。"宁武子即宁俞，是春秋时期卫国的大夫，他辅佐卫文公时天下太平、政治清明。但到了卫文公的儿子卫成公执政后，国家则出现内乱，卫成公出奔陈国。宁俞则留在国内，仍是为国忠心耿耿，表面上却装出一副糊里糊涂的样子，这是明哲保身的处世方法。因为身为国家重臣，不会保身怎能治国？后来周天子出面，请诸侯霸主晋文公率师入卫，诛杀佞臣，重立卫成公，宁俞依然身居大夫之位。这是孔子对"愚"欣赏的典故，他很敬佩宁俞"邦无道则愚"的处世方法，认为一般人可以像宁俞那么聪明，但很难像宁俞那样糊涂。在古代上层社会的政治倾轧中，糊涂是官场权力较量的基本功。仅以三国时期为例，就有

两场充满睿智精彩的表演：一是曹操、刘备煮酒论英雄时，刘备佯装糊涂得以脱身；二是曹、司马争权时司马懿佯病巧装糊涂反杀曹爽。后人有语云："惺惺常不足，蒙蒙作公卿。"苏东坡聪明过人，却仕途坎坷，曾赋诗慨叹："人人都说聪明好，我被聪明误一生。但愿生儿愚且蠢，无灾无难到公卿。"

"聪明难，糊涂亦难，由聪明转入糊涂更难。放一招，退一步，当下心安，非图后来福报也。"做人过于聪明，无非想占点小便宜；遇事装糊涂，只不过吃点小亏。吃亏是福不是祸，往往有意想不到的收获。"饶人不是痴"，歪打正着，"吃小亏占大便宜"。有些人只想处处占便宜，不肯吃一点亏，总是"斤斤计较"，到后来是"机关算尽太聪明，反误了卿卿性命"。

郑板桥以个性"落拓不羁"闻于史，心地却十分善良。他曾给其堂弟写过一封信，信中说："愚兄平生谩骂无礼，然人有一才一技之长，一行一言为美，未尝不啧啧称道。囊中数千金，随手散尽，爱人故也。"以仁者爱人之心处世，必不肯事事与人过于计较，因而"难得糊涂"确实是郑板桥襟怀坦荡无私的真实写照，并非一般人所理解的那种毫无原则稀里糊涂地做人。糊涂难，难在人私心太重，执着于自我，陡觉世界太小，眼前只有名利，不免斤斤计较。《列子》中有齐人攫金的故事，齐人被抓住时官吏问他："市场上这么多人，你怎敢抢金子？"齐人坦言陈辞："拿金子时，看不见人，只看见金子。"可见，人性确有这种弱点，一旦迷恋私利，心中便别无他物，唯利是图，用现代人的话说就是：掉进钱眼里去了！

聪明与糊涂是人际关系范畴内必不可少的技巧和艺术。得糊涂时且糊涂，更是比聪明人还聪明的处世哲学，是一门人生的大学问。

第十篇

藏锋守拙，长安之道

——甘闻众生笑我拙，人前轻不露峥嵘

老子说："鱼不能脱离深渊，这样才能受到保全，国家精良的先进武器不能随便展示给人们。"意在告诉世人，人只有在心中清楚而形似愚拙时才能养精蓄锐，一鸣惊人。古语又云："君子藏器于身，待机而动。"也就是说，我们要掌控好"藏"与"露"的尺度，待时机成熟之时，再厚积薄发，尽显锋芒。

峣峣者易缺

木秀于林，风必摧之；堆出于岸，流必湍之；行高于人，人必非之。阳春白雪，曲高和寡；人格致清，往往易污。为人处世还是中庸一些比较好。

在北方的田野中，谷物成熟以后总是垂头而立；相反，狗尾草与谷相似，但因为它总是直昂着头，往往成为人们第一个拔除的对象。

正所谓"峣峣者易缺，皎皎者易污"。那些品行高洁犹胜白玉之人，往往容易受到污损；那些性情刚直不阿之人，极易横遭物议。对此，世人很形象地描绘道"出头的椽子先烂"。文人墨客感怀于此，说得更是凄清："木秀于林，风必摧之；堆出于岸，流必湍之；行高于人，人必非之。"

"树大招风，才高遭忌"这是古往今来的通病。你想要与别人不一样、你想要特立独行？那好，先过了众人这关再说，不被"群殴致伤"，说明你已经很幸运了。为什么？当然是嫉妒了！此外，大家都是这个样子，你为何要显摆？要让自己与众不同？不"围殴"你还能殴谁？

所以说，做人还是含蓄、低调一点好，切不要锋芒毕露。要知道，锋芒在彰显你个人才华的同时，很容易刺伤身边的人，燃起他们的嫉妒之火，这岂不是自讨苦吃？会为人者，应懂得锋芒内敛，韬光养晦，以免成为别人的眼中钉、肉中刺。

祢衡少年时，已然才气过人，他博闻强记，过目不忘，精通辞赋，善于辩论。但是，他身上同样具有古代文人惯有的清高与傲慢，常开口羞辱权贵，因而得罪了不少人。

建安初年，汉献帝迁都许昌，此地遂逐渐成为文人名士汇集之所。祢衡为求发展，亦来到此地，并写好一份自荐信，做毛遂自荐自用，但由于目中无人，一直没有派上用场。

当时，有人劝他拜会司空掾陈群和司马朗，然他却极尽刻薄地讽刺道："我怎可与屠猪沽酒之辈为伍？"又有人劝他与尚书令荀彧和荡寇将军赵稚长联络感情，他不屑："荀彧徒有一副好皮囊，吊丧时可令其做司仪；赵稚长饭桶一个，做厨子正合适！"

后来，他结交了北海太守孔融及曹操帐下主簿杨修，三人气味相投，往来甚密。于是在孔融的推介下，祢衡得以入见曹操。谁知他旧态复萌，不但将曹操手下骂了个遍，还当众羞辱曹操。

一日，曹操大宴宾客，命祢衡击鼓助兴，想借此打压一下他的气焰。没想到祢衡竟当众换衣，将自己脱得一丝不挂，大败宾主的兴致。其实对曹操而言，杀死祢衡犹如踩死一只蚂蚁一般，但当时他正在招贤纳士，不想使自己落下个心胸狭隘、妄杀名士之名，遂将祢衡送到荆州刘表处，意欲借刀杀人。

那刘表也是老谋深算，已知曹操用意何在，怎可轻易就范？于是又将祢衡打发到江夏太守黄祖那里。

黄祖是个大老粗，怎能容一个穷酸文人在自己面前大放厥词。有一次黄祖会客，祢衡在席间出言不逊。黄祖颜面扫地，遂呵斥祢衡，谁知祢衡不知收敛，反而辱骂黄祖："你个大老粗，休要多言！"黄祖

戎马一生，岂可容一个书生在自己面前如此放肆？便下令杖责祢衡，祢衡依然骂不绝口，惹得黄祖性起，令手下一刀结果了祢衡的性命。黄祖的儿子黄射顾不得穿鞋，光脚来救，但已来不及。祢衡死时，年仅 26 岁。

正所谓"显眼的花草易招摧折"，自古才子遭嫉、美人招妒的事难道还少吗？所以，无论你有怎样傲人的资本，你都没有炫耀显露的必要。要知道，人性往往有阴暗的一面，一旦你大意了、张扬了，你或许本身并没有夸耀逞强的意思，但别人早已看你不顺眼。如若这时你还不能及时醒悟，赶紧用低调的策略保护自己，你就是在将自己置于吉凶示卜的漩涡急流当中，到时，即使你想抽身也难了。

君子之才，玉韫珠藏

"灵芝与草为伍，不闻其香而益香，凤凰偕鸟群飞，不见其高而益高。"人生于世，唯有善藏者，才能一直立于不败之地！

所谓君子，必是高深修养之人，他的心地应像青天白日一样光明，没有什么不可告人的事情。相反，君子的才华则应像珍藏的珠宝一样，不应该轻易炫耀让别人知道，否则必会走向取祸之道。

三国时期的杨修，在曹营内任行军主簿，思维敏捷，甚有才华。有一次建造相府里的一所花园，才造好大门的构架，曹操前来查看之后，不置可否，一句话也不说，只提笔在门上写了一个"活"字就走了，手下人都不解其意，杨修说："'门'内添'活'字，乃'阔'字也。丞相嫌园门阔耳。"于是再筑围墙，改造完毕又请曹操前往观看。曹操大喜，问是谁解此意，左右回答是杨修，曹操嘴上虽赞美几句，心里却很不舒服。又有一次，塞北送来一盒酥，曹操在盒子上写了"一盒酥"三字。正巧杨修进来，看了盒子上的字，竟不待曹操说话自取来汤匙与众人分而食之。曹操问是何故，杨修说："盒上明书一人一口酥，岂敢违丞相之命乎？"曹操听了，虽然面带笑容，可心里十分厌恶。

杨修这个人，最大的毛病就是不看场合，不分析别人的好恶，只管卖弄自己的小聪明。当然，如果事情仅仅到此为止的话，也还不会有太大的问题，谁想杨修后来竟然渐渐地搅和到曹操的家事里去，这就犯了曹操的大忌。

在封建时代，统治者为自己选择接班人是一件极为严肃的事情，每一个有希望接班的人，不管是兄弟还是叔侄，可说是个个都急红了眼，所以这种斗争往往是最凶残、最激烈的。但是，杨修却偏偏在如此重大的问题上不识时务，又犯了卖弄自己小聪明的老毛病。

曹操的长子曹丕、三子曹植，都是曹操准备选择做继承人的对象。曹植能诗赋，善应对，很得曹操欢心。曹操想立他为世子。曹丕知道后，就秘密地请歌长（官名）吴质到府中来商议对策，但害怕曹操知道，就把吴质藏在大竹片箱内抬进府来，对外只说抬的是绸缎布匹。这事被杨修察觉，他不加思考，就直接去向曹操报告，于是曹操派人到曹丕府前进行盘查。曹丕闻知后十分惊慌，赶紧派人报告吴质，并请他快想办法。吴质听后很冷静，让来人转告曹丕说："没关系，明天你只要用大竹片箱装上绸缎布匹抬进府里去就行了。"结果可想而

知，曹操因此怀疑杨修想帮助曹植来陷害曹丕，十分气愤，就更加讨厌杨修了。

还有，曹操经常要试探曹丕和曹植的才干，每每拿军国大事来征询两人的意见，杨修就替曹植写了十多条答案，曹操一有问题，曹植就根据条文来回答，因为杨修是相府主簿，深知军国内情，曹植按他写的回答当然事事中的，曹操心中难免又产生怀疑。后来，曹丕买通曹植的亲信随从，把杨修写的答案呈送给曹操，曹操当时气得两眼冒火，愤愤地说："匹夫安敢欺我耶！"

又有一次，曹操让曹丕、曹植出邺城的城门，却又暗地里告诉门官不要放他们出去。曹丕第一个碰了钉子，只好乖乖回去，曹植闻知后，又向他的智囊杨修问计，杨修很干脆地告诉他："你是奉魏王之命出城的，谁敢拦阻，杀掉就行了。"曹植领计而去，果然杀了门官，走出城去，曹操知道以后，先是惊奇，后来得知事情真相，愈加气恼。

曹操性格多疑，生怕有人暗中谋害自己，谎称自己在梦中好杀人，告诫侍从在他睡着时切勿靠近他，并因此而故意杀死了一个替他拾被子的侍从。可是当埋葬这个侍从时，杨修喟然叹道："丞相非在梦中，君乃在梦中耳！"曹操听了之后，心里愈加厌恶杨修，于是开始找岔子要除掉这个不识趣的家伙了。

不久，机会终于来了！建安二十四年（公元219年），刘备进军定军山，老将黄忠斩杀了曹操的亲信大将夏侯渊，曹操自率大军迎战刘备于汉中。谁知战事进展很不顺利，双方在汉水一带形成对峙状态，使曹操进退两难，要前进害怕刘备，要撤退又怕遭人耻笑。一天晚上，心情烦闷的曹操正在大帐内想心事，此时恰逢厨子端来一碗鸡汤，曹操见碗中有根鸡肋，心中感慨万千。这时夏侯惇入帐内禀请夜间号令，曹操随口说道："鸡肋！鸡肋！"于是人们便把这句话当作号令传了出去。行军主簿杨修即叫随军收拾行装，准备归程。夏侯惇见了便惊恐万分，把杨修叫到帐内询问详情。杨修解释道："鸡肋鸡肋，弃之可惜，食之无味。今进不能胜，退恐人笑，在此何益？来日魏王必班师矣。"夏侯惇听了非常佩服他说的话，营中各位将士便都打点起行装。曹操得知这种情况，差点气坏心肝肺，大怒道："匹夫怎敢造谣乱我军心！"于是，喝令刀斧手，将杨修推出斩首，并把首级挂在辕门之外，以为不听军令者戒。

曹操的"鸡肋"、"一盒酥"及门中的"活"字等都是一种普通的智力测验，是一种文字游戏。他的出发点并不是真为了给大家出题测试，而是为了卖弄自己的超人才智，因此，他主观上并不希望有谁能够点破，只想等人来请教他。在这种情况下，哪怕你猜着了，也只能含而不露，甚至还要以某种意义上的"愚笨"去衬托上司的"才智"。但是，杨修却毫不隐讳地屡屡点破了曹操的迷局。

锋芒外露，显然不是处世之道。自恃才华，放荡不羁，人们难免会觉得你轻浮、不靠谱，一不小心还会招致横祸。杨修如何？其人才思敏捷，聪颖过人，才华、学识莫不出众，单从他数次摸透曹操心思，足见其过人之处。然而，他恃才放旷、极爱显摆，最终落得个身首异处、命殒黄泉的下场。由此可见，做人必须要事事谨慎、时时谦虚，尽量将你刺眼的锋芒隐藏起来，如此才是明哲保身之道。我们每个人都想成就一番事业，可成功难免招致嫉妒，当遭到别人嫉妒时，倘若你依旧不懂得韬光养晦，那很可能就要大祸临头了。

形拙而心清

韬光养晦，以假示敌，无疑是对敌时的一种大谋略。对于成功者而言，只要人生目标的大方向没有改变，有时候装傻作愚，亦不失为一种明智的选择。

"鞋儿破，帽儿破，身上的袈裟破；你笑我，他笑我，一把扇儿破……"一听到这首耳熟能详的歌曲，大家一定会马上想到一个人，没错，就是活佛济公。济癫大师一生云游四海，不拘于形，破衣烂衫过闹市，酒肉每日穿肠过，其状委实"痴癫"至极。然而，他又"无烦无恼无忧愁，世态炎凉全看破"，一生广结善缘、普度众生，最终修成正果，活佛的美名、美事也一直传唱至今。由此可见，形似痴癫的人不见得愚蠢呆傻，佛法教育人们应不执于外相，而应善修己心。那些真正的聪明人，常常被人看作是愚痴，却不知他们的心里比任何一个人都清醒。入世的大智者大抵如此。

曹操击败吕布，夺取了徐州，刘备因自己势单力薄，只好隐藏下自己独展宏图的宿愿，暂时依附于曹操。

曹操原本对刘备不放心，消灭吕布后，让车胄镇守徐州，把刘、关、张一同带回许都。既然归顺于他，也就得给些甜头，于是曹操带刘备进见献帝，论起辈分，刘备还是献帝的叔叔，所以后来人家叫他"刘皇叔"。刘备原先就是豫州牧，这次曹操又荐举他当上了左将军。曹操为了拉拢刘备，对他厚礼相待，出门时同车而行，在府中同席而坐。一般人受到如此的礼遇，应该高兴，刘备却恰恰相反。曹操越看重他，他越害怕，怕曹操知道自己胸怀大志而容不下他。更怕"衣带诏"事发。原来，献帝想摆脱曹操的控制，写了一道讨灭曹操的诏书，让董承的女儿董贵人缝在一条衣带中，连一件锦袍一起赐给董承。

董承得到这道"衣带诏"，就联合了种辑、吴子兰、王服和刘备结成灭曹的联盟。因为此事关系重大，一点儿风也不能走漏。

于是，刘备装起糊涂，在后花园种起菜来，连关羽、张飞都摸不透大哥为什么变得这么窝囊。

一天，刘备正在后园浇水种菜，许褚、张辽未经通报就闯进后园，说曹操有请，马上就去。当时关羽、张飞正对刘备这种悠闲自得的行为不满，一块儿出城练习射箭去了。刘备只得孤身一人去见曹操，刘备心中忐忑不安：难道董承之谋露了馅！因为心里有鬼，所以越发紧张。曹操见了他，劈头就是一句："您在家里干的好事呀！"刘备觉得脸上的肉都僵了，两条腿直发抖，吓得一时说不出话来。幸好曹操长叹了一口气后，又冒出一句："种菜也不是一件容易的事呀！"刘备这才知道曹操所说的"好事"不是指谋反，提到嗓子眼的那颗心才暂时放了下来。曹操拉着刘备的手，一直走到后花园。曹操指着园中尚未成熟的青梅果子，对刘备讲起前不久征讨张绣时发生的"望梅止渴"的故事来："征途中酷暑难忍，将士们口干舌燥，我就用马鞭遥指着前方一片树林说，前边有一片梅林，梅果青青，可以止渴了。将士们一听'梅果青青'，不觉人人牙酸流涎，嗓子一时竟不渴。今天，我看到这后园的青梅，不由得想起旧事，特地请您来赏梅饮酒。"刘备此时仍是惊魂未定，虽是心不在焉，却还是故作认真地听着。

六月的天，孩儿的脸，说变就变。刚才还是大晴的天空，现在却涌起团团乌云，急风吹得梅树刷刷地响，常言"风是雨的头"，曹操忙拉上刘备躲到小亭子里。刘备这才发现，亭中已经备好一盘青青梅

果，一壶刚刚煮好的酒，知道是曹操早有准备。二人对面坐下，开怀畅饮，天南地北闲聊起天来。

曹操为什么单单要请刘备来喝酒呢？原来他也是想趁酒后话多的时候，探测刘备的真心，看他是不是也像自己一样，有不甘人下、称王称霸的雄心。当酒喝得正在头上的时候，曹操发话了："玄德，您久历四方，见多识广，请问，谁称得上是当今的英雄？"刘备没有提防曹操突然谈这个主题，一时不知他葫芦里卖的什么药，只好搪塞道："我哪配谈论英雄呢？"可是曹操抓住这个话题不放，又补充一句："即便不认识，也听别人说过吧！"刘备见曹操一定要自己说个究竟，心里已对曹操的用意猜出八九分。于是开始装糊涂了，他略一思索说："淮南的袁术，曾经称帝，可以算作英雄吧！"曹操一笑说："他呀，不过是坟中的枯骨，我这就要消灭他！"刘备又说："河北的袁绍，出身高贵，门生故吏满天下，现在盘踞四个州，谋士多，武将勇，可以算作英雄吧！"曹操又笑了笑说："袁绍外表很厉害，胆子却很小；虽然善于谋划，关键时刻却犹豫不决。这种干大事怕危险、见小利不要命的人，可算不得英雄。"刘备又说："刘表坐镇荆州，被列为'八俊'之首，可以算作英雄吗？"曹操不屑地说："刘表徒有虚名而已，也不能算英雄！"刘备接着说："孙策血气方刚，已经成为江东领袖，是英雄吧！"曹操摇摇头说："孙策是凭借他父亲孙坚的名望，算不得英雄。"刘备又说："那益州的刘璋能算英雄吗？"曹操摆摆手说："刘璋倚仗着自己是汉家宗室，不过是个看家狗罢了，怎么配称英雄呢？"刘备见这些割据一方的大军阀都不在曹操眼里，只得说："那么像汉中张鲁、西凉韩遂、马腾这些人呢？"曹操一听刘备说出的尽是一些二流的名字，禁不住拍手大笑说："这些碌碌的小辈，何足挂齿呀！"刘备只得摇摇头说："除了这些人，刘备我孤陋寡闻，可实在不知道还有谁配称英雄了。"

曹操停住笑声，盯着刘备说："英雄，就是要胸怀大志，腹有良谋。所谓大志，志在吞吐天地；所谓良谋，谋能包藏宇宙。"说罢，他仔细观察刘备的反应。刘备佯装不知，故意问道："请问，谁能当得起这样的英雄呢？"曹操用手指指刘备，又点点自己，神秘地说："现在天下称得起英雄的，只有你和我呀！"一听这话，刘备不由得心中一惊，吓得手一松，筷子掉到了地下。此时，恰巧闪电一亮牵出一串震耳欲聋的霹雳，轰隆隆炸得天都要裂了。刘备弯腰拾起筷子，缓缓地说："天威真是厉害，这响雷几乎把我吓坏了！"曹操通过对当世之英雄的一番议论，观察到刘备闻雷时丢掉筷子的情景，曹操还真以为刘备不但是个目光不够远大之人，而且是让惊雷震掉了筷子的胆小鬼，禁不住哈哈大笑起来。自此，对刘备的戒备也就松懈了许多，最终使刘备寻得脱身到徐州的机会。

刘备正是一味藏锋守拙，隐真示假，行韬晦之计，给曹操造成一种假相，使自己的利益在假相中得以维护。

伏久者飞必高，开先者谢必早

做人不可太肤浅，即便你才华横溢，能力更胜他人一筹，也要懂得藏锋扮拙，如此方可善始善终。

俗话说："伏久者飞必高，开先者谢必早。"一个人纵然资质卓绝，才高八斗，也不宜锋芒毕露，不妨装得笨拙一点；很多事情，即便我们心中非常清楚，也没有必要过于表现，最好用谦虚来收敛自己。

很多人清高傲世、愤世嫉俗，常以白眼视人，这显然不是处世之道，孤芳自赏只会让更多的人排斥你、甚至是打击你，所以我们务必要使自己随和一些；当我们的能力得到赏识时，切不可过于激进，而应以退为进。若能做到这些，你大抵可以安身立命、高枕无忧了。

南朝刘宋王朝的开国皇帝宋武帝刘裕临死托孤给司空徐羡之、中书令傅亮、领军将军谢晦、镇北将军檀道济。并告诫太子刘义符，在这些人中，最难驾驭的是谢晦，应对他加以小心。

刘裕是个有作为有见识的开国皇帝。但不幸的是，一没选好继承人，二没有完全正确估量这几位顾命大臣。

刘裕死后，其长子刘义符即皇帝位，史称营阳王。

刘裕的次子名义真，官南豫州刺史，封庐陵王。

刘裕的第三个儿子名义隆，封宜都王。即后来的南朝宋文帝。

刘义符做上皇帝后，不遵礼法，行为荒诞得令人啼笑皆非。

徐羡之在刘义符即位两年后，准备废掉刘义符另立皇帝。按刘义符的行为，废掉他是理所应当的。但徐羡之等人因为怀有私心，贪权恋位，谋权保位，竟把事情做绝，伏下了杀身之祸。

要废掉刘义符，就得有别人来接替皇帝的班。按顺序该是刘义真，但刘义真和谢灵运等人交好，谢灵运则是徐羡之的政敌。为了不让刘义真当上皇帝，徐羡之等人挖空心思，先借刘义符的手，将刘义真废为庶人。接着，徐羡之、傅亮、谢晦、檀道济、王弘五人合力，发动武装政变，废掉了刘义符，以皇太后的名义封刘义符为营阳王。

更糟糕的是，还没等新皇帝即位，徐羡之和谢晦竟主谋分别将刘义符、刘义真先后杀死。

他们拥立的新皇帝是刘义隆。刘义隆面临的是控制朝廷大权的、杀死自己两个哥哥的几个主凶。

新皇帝当时正在江陵郡（治所在今湖北江陵）。徐羡之派傅亮等人前往迎驾。徐羡之这时又藏了个心眼，恐怕新皇帝即位后将镇守荆州重镇的官位给他人，赶紧以朝廷名义任命谢晦做荆州刺史、行都督荆湘七州诸军事，想用谢晦做自己的外援，将精兵宿将全都分配给了谢晦。

刘义隆面临着是否回京城做皇帝的选择。听到营阳王、庐陵王被杀的消息，刘义隆的部下不少人劝他不要回到吉凶莫测的京城。只有他的司马王华精辟中肯地分析了当时的形势，认为徐羡之、谢晦等人不会马上造反，只不过怕庐陵王为人精明严苛，将来算旧账才将他杀死。现在他们以礼来相迎，正是为了讨您欢心。况且徐羡之等五人同功并位，谁也不肯让谁，就是有谁心怀不轨，也因其他人掣肘而不敢付诸行动。殿下只管放心前往做皇帝吧！

于是刘义隆带着自己的属官和卫兵出发前往建康，果然顺利做上了皇帝，但朝廷实权仍在徐羡之等人手中。

刘义隆先升徐羡之等人的官，徐羡之进位司徒；王弘进位司空；傅亮加"开府仪同三司"，即享受和徐羡之、王弘相同的待遇；谢晦进号卫将军；檀道济进号征北将军。

同时认可徐羡之任命的谢晦做荆州刺史。谢晦还害怕刘义隆不让他离京赴任。但刘义隆若无其事地放他出京赴荆州。谢晦离开建康时，以为从此算是没有危险了，回望石头城说："今得脱危矣。"

刘义隆当然也不动声色地安排了自己的亲信，官位虽不高，但侍中、将军、领将军等要职都由他的亲信充任，从而稳定自己皇帝的地位。

第二年，即宋文帝元亮二年（公元425年）正月，徐羡之、傅亮上表归政，即将朝政大事交由宋文帝刘义隆处理。徐羡之本人走了一下请求离开官场回府养老的形式，但几位朝臣认为，这样不妥，徐羡之又留下了。后人评论认为这几位主张挽留徐羡之继续做官的人，实际上加速了徐羡之的死亡。

当初发动政变的五个人中，王弘一直表示自己没有资格做司空，推让了一年时间，刘义隆才准许他不做司空，只做车骑大将军、开府仪同三司。

直到这一年年底，宋文帝刘义隆才准备铲除徐羡之等人。因惧怕在荆州拥兵的谢晦造反，先声言准备北伐魏国，调兵遣将。在朝中的傅亮察觉出事情不对头，写信给谢晦通风报信。

宋文帝元嘉三年（公元426年）正月，刘义隆在动手之前，先通报情况给王弘，又召回檀道济，认为这两个人当初虽依附过徐羡之，但没有参与杀害刘义符、刘义真的事，应区别对待，并要利用檀道济带兵去征讨准备在荆州叛乱的谢晦。

正月丙寅（公元426年2月8日），刘义隆在准备就绪后，发布诏书，治徐羡之、傅亮擅杀两位皇兄之罪。同时宣布对付可能叛乱的谢晦的军事措施。

就在这一天，徐羡之逃到建康城外二十里处叫新林的地方，在一陶窑中自缢而死。傅亮也被捉住杀死。

谢晦举兵造反，先小胜而后大败，逃亡路上被活捉，后被杀死。

至此，宋文帝刘义隆由藩王而进京做上皇帝，由有名位无实权到做上名副其实的皇帝，最后顺利除掉杀"二王"的一伙权臣。

做人不必过于暴露锋芒，要善于潜藏，要善于韬光养晦，男子汉大丈夫能屈能伸，方能成就大业。以守为攻，以退为进，同样能把主动权掌握在手里，胜券在握，潜藏不露才是人生的真正智慧。

拙出于诚，则动人心弦

很多时候，"拙"是一种质朴、一种真诚，而质朴和真诚是最能打动别人的。

《菜根谭》中说"文以拙进，道以拙成，一拙字有无限意味。如桃源犬吠，桑间鸡鸣，何等淳庞。至于寒潭之月，枯木之鸦，工巧中便觉有衰飒气象矣。"意识是说，文章讲究质朴实在才能有长进，道义讲究真诚自然才能有修成，一个"拙"字蕴涵着说不尽的意味。像桃花源中的狗叫，又如桑林间的鸡鸣，是多么淳朴有余味啊！至于清冷潭水中映照的月影，枯老树木上的乌鸦，虽然工巧，却给人一种衰败气象。

一个五音不全的先生，竟能以唱歌大受欢迎。每逢大家聚会时，他必然会在众多掌声中被请上台。他完全无法拒绝大家的热情，只好每次都唱同一首首歌，他就是被同事们昵称为"阿滨"的李强。

每当别人要求他唱歌时，他总会认真而真诚地唱起那首《五月的天空》。不可思议的是，只要阿滨的这首歌一唱出来，其他的美妙旋律都因而失色，完全不能与阿滨的歌声抗衡。

同事们在要求他唱歌时，一定会很整齐地用一首广告歌的旋律唱着：

"五音不全的李强，唱首歌吧！

虽然唱得很烂，让人听了头痛，

还是请你唱首歌吧！"

千呼万唤之后，阿滨终于带着一脸的笑容走上台来。他用右手中指推推那落伍的大黑框眼镜后，以立正的姿势，开口唱出：

"五月的天空，太阳又上升……"

他总是那么认真，正正经经地唱着这首一成不变的歌，不管走到哪里都是这首，而且总是固定地慢半拍。当他开始唱"五月的……"时，速度还算正常，等唱到"天空……"就很奇妙地慢了下来。阿滨既不害羞，也不恐惧，仍然以他那认真的表情，继续唱下去。

听他唱歌的人，几乎都笑弯了腰，有的女同事眼中还流出激动的眼泪，无法停止。

在大家笑得快喘不过气来的时候，阿滨仍然继续唱着：

"太阳……又上升……"

大家听到这里，更忍不住笑得前仰后合！

　　不过，大家的笑声中，绝没有一丝轻蔑，因为个性温和真诚质朴的阿滨，缓和了会场中稍显僵硬的气氛。

　　其实，并不是任何时候都巧胜于拙，很多时候，"拙"是一种质朴、一种真诚，而质朴和真诚是最能打动别人的。作文章、唱歌曲是这样，我们为人处世也是如此。我们每个人总会有这样或那样的"不足"，那些似乎是"拙"的东西，很多情况下未必是什么大的缺点，只要我们出于真，出于诚，出于自然和质朴，就会营造出更为和谐的人际关系。

第十一篇

情由缘生，家因爱恒
——莫为离合生愁苦，常怀柔忍家自宁

一段婚姻的破裂，对于女人而言是难以抹去的痛苦，对于男人而言则很可能是一种耻辱。如果你不能让曾经深爱的她(他)幸福地度过这一生，你无疑就是个失败者。其实保持婚姻的完整并不难，只要多一些宽容、多一些理解，用宽广的胸怀维持婚姻的美满。

聚散皆是缘

缘分这东西冥冥中自有注定，不要执着于此，进而伤害自己。但无论什么时候，我们都不要绝望，不要放弃自己对真、善、美的爱情追求。

爱情全凭缘分，缘来缘去，不一定需要追究谁对谁错，爱与不爱又有谁能够说得清楚呢？当爱来时，我们只管尽情去爱，当爱走时，就潇洒地挥一挥手吧！人生短短数十载，命运掌握在自己手中，没必要在乎得与失，拥有与放弃，热恋与分离。失恋之后，如果能把诅咒与怨恨都放下，就会懂得真正的爱。

从前有个书生，和未婚妻约定在某年某月某日结婚。然而到了那一天，未婚妻却嫁给了别人。书生大受打击，从此一病不起。家人用尽各种办法都无能为力，眼看即将不久于人世。这时，一位游方僧人路过此地，得知情况以后，遂决定点化一下他。其实，这位僧人就是佛祖，佛祖来到书生床前，从怀中摸出一面镜子让书生看。

镜中是这样一幅情景：茫茫大海边，一名遇害女子一丝不挂地躺在海滩上。有一人路过，只是看了一眼，摇摇头，便走了……又一人路过，将外衣脱下，盖在女尸身上，也走了……第三人路过，他走上前去，挖了个坑，小心翼翼地将尸体掩埋了……疑惑间，画面切换，书生看到自己的未婚妻——洞房花烛夜，她正被丈夫掀起盖头……书生不明所以。

佛祖解释道："那具海滩上的女尸就是你未婚妻的前世。你是第二个路过的人，曾给过她一件衣服。她今生和你相恋，只为还你一个情。但是她最终要报答一生一世的人，是最后那个把她掩埋的人，那人就是她现在的丈夫。"

书生大悟，瞬间从床上坐起，病愈！

是你的就是你的，不是你的就不要强求，过分的执着伤人且又伤己。

倘若我们将人生比作一棵枝繁叶茂的大树，那么爱情仅仅是树上的一粒果子，爱情受到了挫折、遭受到了一次失败，并不等于人生奋斗全部失败。世界上有很多在爱情生活方面不幸的人，却成了千古不朽的伟人。因此，对失恋者来说，对待已逝的爱情就要学会放弃，毕竟一段过去不能代表永远，一次爱情不能代表永生。

成功的人之所以与众不同，就在于他们勇于敞开胸怀接受好的一面，更敢于睁大眼睛不怕痛苦地盯住坏的一面，他们深知，好的一面的好处众人皆知，坏的一面里蕴涵的好处，不是每个人都可以知道的。

一个失恋的人在公园中哭泣。

一位老者路过，轻声问他："你怎么啦？为何哭得如此伤心？"

失恋者回答："我好难过，为何她要离我而去？"

不料老者却哈哈大笑，并说："你真笨！"

失恋者非常生气："你怎么能这样，我失恋了，已经很难过，你不安慰我就算了，还骂我！"

老者回答说："傻瓜，这根本就不用难过啊，真正该难过的是她！要知道，你只是失去了一个不爱你的人，而她却是失去了一个爱她的

人及爱人的能力。"

毫无疑问，只要真心爱过，失恋对于每个人而言都是痛苦的。不同的是，明智的人会透过痛苦看本质，从痛苦中挣脱出来，笑对新的生活；愚蠢的人则一直沉溺在痛苦之中，抱着回忆过日子，从此再不见笑容。

其实，若是你没有能力给她（他）幸福，那么放手于你于她（他）而言，或许才是最好的选择；若是她（他）爱慕虚荣，因名、因利离你而去，你是不是更该感到庆幸呢？

爱情是变化的，任凭再牢固的爱情，也不会静如止水，爱情不是人生中一个凝固的点，而是一条流动的河。

刘刚和王微，是华南某名牌大学的高才生。他们俩既是同班同学，又是同乡，所以很自然地成了形影不离的一对恋人。

一天刘刚对王微说："你像仲夏夜的月亮，照耀着我梦幻般的诗意，使我有如置身天堂。"王微也满怀深情地说："你像春天里的阳光，催生了我蛰伏的激情。我仿佛重获新生。"两个坠入爱河的青年人就这样沉浸在爱的海洋中，并约定等刘刚拿到博士学位就结成秦晋之好。

半年后，刘刚到国外深造。多少个异乡的夜晚，他怀着尚未启封的爱情，像守着等待破土的新绿。他虔诚地苦读，并以对爱的期待时时激励着自己的锐志。几年后，刘刚终于以优异的成绩获得博士学位，处于兴奋状态的他并未感到信中的王微有些许变化，学业期满，他恨不得身长翅膀脚生云，立刻就飞到王微身边，然而他哪里知道，昔日的女友早已和别人搭上了爱的航班。刘刚找到王微后质问她，王微却真诚地说："我对你已无往日的情感了，难道必须延续这无望的情缘吗？如果非要延续的话，你我只能更痛苦。"刘刚只好退到别人的爱情背面，默默地舔舐着自己不见刀痕的伤口。

或许我们会站在道义的立场上，为品德高尚、一诺千金的刘刚表示惋惜，但我们又能就此来指责王微什么呢？怪只能怪爱本身就具有一定的可变性。

爱过之后才知爱情本无对与错、是与非，快乐与悲伤会携手和你同行，直至你的生命结束！世上千般情，唯有爱最难说得清。

聚散随缘，去除执着心，让一切恩怨在岁月的流逝中淡去。那些深刻的记忆终会被时间的脚步踏平，过去的就让它过去好了，未来的才是我们该企盼的。

缘聚缘散总无强求之理。世间人，分分合合，合合分分谁能预料？该走的还是会走，该留的还是会留。一切随缘吧！

欲如火炽

若心贪女色，是欲最尤甚，女色欲烧心，后受大苦恼。现在所作业，贪欲自迷心，痴心不能觉，女欲之所迷。

在这个世界上，客观的诱惑总是存在的，盲目逃避显然是一种胆怯，频繁的追求则是一种放纵。对于爱，我们必须拥有一个正确的心态，要正视自己的婚姻，对自己及他人负责。

曾看过一部好莱坞大片，名字叫作《桃色交易》，片中讲述的是

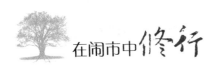

一对年轻夫妇的爱情故事。这对夫妇本是令人羡慕的一对，男的英俊潇洒，女的温柔漂亮，他们都受过很好的教育，有着不错的职业，两人非常恩爱，为了小家庭而努力工作。然而天有不测风云，经济大萧条来了，他们先后失业，一个月后，也将失去他们分期付款的房子。就在此时，一位亿万富豪闯入了他们的生活，这位富豪风度翩翩，优雅迷人，他对貌美如花的女主人公一见钟情，提出愿出100万元来与她共度一个良宵。起初，这对夫妇毫不犹豫地拒绝了他，但随后却陷入巨大的矛盾之中：就一夜，即可彻底摆脱目前所有的困境；而且在婚前又不是没有过别的约会……最后女主人公去了富豪的游艇……

但在这一夜后，两人无论如何也找不回原来恩爱的感觉了，再没有从前的默契，心里都有一种失落感。是女人为家庭做出了牺牲还是没有经受住诱惑？答案已经无法深究。两人分手了，那100万元也没有带给他们渴望的喜悦。当然，影片的结尾是两人经过一番波折后，又重归于好，因为他们仍然深爱着对方。

这种"桃色交易"只是电影中的一个故事而已，但不可否认的是，现实生活中我们也会遭遇毫无预料的情况下经受婚姻外诱惑的考验。我们彼此深爱着对方，但却有位新的异性吸引了我们的目光。这种吸引是否正常？是否道德？应该说，这种吸引是正常人的正常反应。吸引毕竟只是一种心理上的反应，它使我们产生了一种对美好事物追求的幻想。但千万不能随便把这种幻想当成可以达到的目标而不顾一切地追求，这种追求是盲目的不负责任的，尤其在婚姻感情方面，因为一时情绪冲动做出有违社会道德的事，是非常愚蠢的。结婚是一种事实，但是它不会使我们深藏的人性完全隐匿起来，对于美的追求，对于刺激的向往都是时常可能发生的事情。尽管一个人可以被成千上万不同的人挑逗，例如，很多人会因为看到自己喜欢的电影、喜欢的明星而感到兴奋，但是大多数人绝对不会为享受这种情欲的幻想而毁了自己幸福的婚姻。作为婚姻的另一方，也应该对这种情绪的产生有所准备。毕竟我们每个人不可能同时具备那些吸引人的所有要素，所以当自己的妻子或者丈夫产生这种幻想的时候，我们不要过于气愤和紧张，不要过度地干涉，而要充分相信自己，相信对方的理性，相信共同的感情基础。

世间流传着这样一个传说，即在很早以前男女是合体的，但是由于某种原因触怒了上天的神灵，被天雷劈成了两半。所以人的一生都在寻找他（她）的另一半，尽管路途遥远而艰辛，尽管有的人找到了，有的人没有找到。而电影和电视剧也常顺着这个思路不断地重复相同的情节：有个特别的人在这个世界上的某个地方正在等着自己，当我们遇到这个冥冥之中注定要和我们在一起的人时，毕生的幸福就会降临在自己身上。当我们和这个人结合在一起的时候，我们不仅彼此深爱着对方，而且会忘了别人的存在，无视于别人的魅力。

这是一个多么幼稚的想法和逻辑啊！美丽动人的女人，英俊潇洒的男士都或多或少地会在我们心中激起一丝异样的感觉。只是人是有理性的动物，应该考虑自己的责任和做人的原则，不应像飞蛾扑火一样，为了一时的冲动，就可以做出不计后果的事来。你可以"恨不相逢未嫁时"，留下一份美丽的遗憾，恢复你正常的生活；你可以把他（她）当作偶尔投影在你心波的云彩，珍藏那一美丽的瞬间，潇洒地挥手走人。当然，你也有权利重新选择，进行家庭的重新组合。你确信现在的爱人不值得你去厮守，你是否应抛开一切去找寻你的幸福？当另外一个吸引人的异性出现，你会不会再重新选择？即使你想清楚

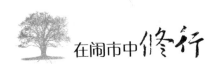

了，做出这样一种决定，也一定要正大光明地讲出来，万不可苟且行事，否则你的结果一定非常惨淡。

有一位老人终老而去，虽然子孙满堂，却不曾有一人送终，不曾有一人来料理后事。

知情人透露，老人年轻时不务正业，横行乡里，后找一情人，携家产与情人远走，只留下孤儿寡母相依为命。再后来，家产被骗，而发妻已经将日子过得井井有条，他又跑回来磕头认错，谁知不多日，再度卷款而去。发妻离世以后，老人在外地火车站以乞讨为生，得遇乡人才被送至家乡的敬老院。

老人的子女都在外地，日子过得很红火，每年清明都会回乡祭拜母亲，却没有一人踏进敬老院半步……

其实，人生的起始都是相同的，但结局却大不一样。一些人在生命旅途中忘记了"真、善、美"，被欲望迷失了心灵，选择索取和挥霍，所以被挥霍尽的幸福再也不会回到他们身边。

往日情怀已是诗

> 多么想拥你入怀，感觉你的心潮澎湃，不管过去你曾如何徘徊，我只要你现在……

生活中常会出现这样的现象，恋人的前一段感情往往容易被后来者惦记、比较，他或她不但自己对以往的人或事耿耿于怀，而且更不断地提醒恋人——"永远不要忘记。"如此一来，那个原本已经成为过去、与现在毫不相干的人，便长期纠缠在两个人的爱情生活之中，最终导致了爱情的破裂。

萧力在大学时就和同班同学陈珂谈起了恋爱，两个人的感情一直很稳定，可是大学毕业后，陈珂留学去了美国，萧力考虑到自己的事业在国内更有前途，所以根本就没有去国外的打算，而陈珂又不想很快回国，所以两个人经过协商，友好地分手了。

一次偶然的机会，一名叫雯雯的女护士闯进了萧力的视线，经过长时间的观察，萧力发现雯雯虽然只是中专毕业，但是人长得很漂亮，而且为人热情、大方、善良而又有耐心，他觉得这种女孩非常适合做自己的妻子，因为自己是个事业狂，如果能够娶到雯雯这样的女孩做妻子，她一定会是个贤内助，肯定能成为自己发展事业的好帮手，于是在他的狂热追求下，雯雯终于成了他的恋人。

为了避免不必要的麻烦，萧力从未对雯雯说起自己和陈珂的那段恋情。而萧力和雯雯的感情也越来越热烈，甚至到了谈婚论嫁的地步。也正如萧力所料，雯雯果然对他的事业帮助很大，休班的时候，雯雯总是到萧力的住处帮助他打扫房间、洗衣、做饭，有时还帮助他查阅、打印资料，两个人都充分享受着爱情的甜蜜和美满。

可是，有一天，萧力的一位大学同学从外地来这里出差，晚上在饭店为老同学接风的时候，萧力带雯雯一起去了。由于久别重逢，萧力和那位老同学感到很兴奋，于是两个人都喝得有点过了，那个老同学忽略了雯雯的感受，对萧力说，他们这些老同学都对萧力和陈珂的分手感到十分遗憾，因为陈珂是那么才华横溢，将来肯定能在事业上大有作为，老同学原本都以为他们俩是天造地设的一对，在事业上

一定会是比翼双飞。

虽然那位老同学也说，今天见了雯雯后，也就不会再遗憾了，因为雯雯的漂亮和善解人意都是陈珂所无法比拟的，但是这丝毫没有减轻雯雯心中的痛苦，她第一次知道在自己之前，萧力还有过一个聪明而有才华的女朋友，尤其是那个女朋友比自己优秀得多：她比自己学历高，而且还去了美国留学，在雯雯看来，萧力之所以要对自己隐瞒这段感情，一是因为陈珂出国而抛弃了他，他出于一个男人的自尊而不愿意对自己提起；二是因为他至今都忘不了陈珂，而自己则完全是萧力用来掩饰心灵创伤的一个创可贴罢了，她为自己成了陈珂在萧力心目中的替代品而感到可悲。

所以那天回来后，雯雯跟萧力大闹了一场，尽管萧力百般解释自己是一心一意地爱着她的，至于陈珂，那完全属于过去，自己对她真的已经没有爱的感觉了，但是在雯雯的心目中还是从此产生了疙瘩，在以后两个人交往的过程中，雯雯处处自觉或不自觉地拿陈珂来说事，有时候都让萧力防不胜防。有时萧力夸雯雯几句，她就猛不丁地来上一句："你以前是不是也常常这样夸陈珂？"如果有时候雯雯什么事情没做好，萧力向她提意见，她常常反唇相讥："对不起，我就是这种水平，谁叫你放走了才女，而交了我这个低学历、没本事的女朋友呢，后悔了吧！"

一次，萧力要去美国出差，雯雯一边帮他收拾行李，一边问："就要见到陈珂了，心情一定很激动吧？"当时萧力正急着整理去美国要用的一些资料，就没顾得上搭理雯雯，这让雯雯更加误会了，她又说："好马也吃回头草，如果现在陈珂还是一个人的话，你们这次就在美国破镜重圆了吧。"

这时，萧力不耐烦地说了一句："你怎么又拿陈珂说事，烦不烦啊！"不料，雯雯脸色大变："我学历低，能力差，不能和你比翼双飞，你当然烦我了，要烦了就明说，别遮着、捂着，搞那一套此地无银的伎俩，我不是那种没有自尊、非要赖上一个男人不可的人。"说着便转身跑了。

由于第二天就要启程去美国，所以萧力就想等回国以后再去找她解释，可是令他没有想到的是，等他回国时，雯雯已经火速地认识了一个男朋友，她对他说："我现在的男朋友各方面都不如你，我这么急着另找一个人，也是为了逼自己坚决离开你，我必须自己断了自己的回头之路。"

其实，既然已经成为过去，既然他或她现在是唯一属于你一人的，你无疑就是爱情中的胜者。那么，我们又何必拿自己与一个失败者去比较呢？

"一旦拥有，别无所求"，拥有美好的事物时，我们虽说应该居安思危，但亦不可思危过度，每日纠结于那些已经成为过去的故事，而应好好地去珍惜它，唯有如此，我们的爱情才能永远成为自己的一份实在，一份瑰丽。

9岁的孩子与妈妈玩耍。

小男孩翻着爸爸的相册，赫然一个面容姣好、身材漂亮、充满青春活力的妙龄少女，使人眼睛一亮。

"妈妈，这个大姑娘是爸爸以前的女朋友，"孩子歪着头逗妈妈，"这是爸爸说的。妈妈，你气不气？"

"有什么气的？都是过去的事了，只要你爸现在是我的。小孩子别瞎说。"已经发福的妈妈脸上洋溢着幸福的笑，老公确实对她很不

错，人有本事，又老实，在单位人缘、名声极佳，她真够幸福！

"只要现在是我的！"她能够真诚地看待和理解丈夫的过去，并在现实中奉献全部的爱心来关心和照顾丈夫。她从不对丈夫斤斤计较、耿耿于怀，如此豁达的心胸怎能不令全家相处安然，甜蜜幸福呢？

"只要现在是我的"，是一种对世事的豁然与达观，是一种对待自身处境的知足和满意，也是一种发展的沉着与务实。

能够满足于"只要现在是我的"，才能珍惜你所梦寐以求的东西，才会呵护、努力保持并使这一美梦持续和升华。可是世人却都太过于相信自己的能耐，得陇望蜀，永不知足。

俗话说得好："知足者常乐。"那些想入非非，异想天开的事情偶尔想一次无妨，但若把这些幻想甚至妄想作为生命的日程，并要付诸行动，只会使你浪费时光，快乐又从何而来？

夫妇和而家道兴

若是夫妻双方都能多些生活的智慧，彼此忍耐、宽容，像雪松一样懂得适时地缓解压力，那么婚姻是可以更长久、更幸福的。

在生活中，一个不允许不同声音出现的人，会变得越来越自我，同时也加大了其与人正常交往的难度。在家庭中，当我们要张口指责对方之时，请多想想自己有没有错，同时一定要给予对方说话的权利，因为唯有宽容、相互理解的家庭，才能够营造出令人艳羡的和谐。

——莫为离合生愁苦，常怀柔忍家自宁

很久以前，有一座风景秀美的名山，泉水清澈，果木茂盛。一对鸠鸟在大树的顶端营巢而居，日子过得还算清闲。

在太平的生活里，雄鸠努力采集鲜美的果子，衔回巢内，小俩口的爱巢终于满满积存着果实了。居安思危的雄鸠告诉妻子："家中储藏的果实先不要用，现在外面还找得到其他足以维生的食物，可以填饱肚子。天有不测风云，万一遇到风雨，饮食难得，才能靠储蓄的果子维生。"贤淑的妻子连声应好，无忧于夫婿的勤劳、顾家。

日子一天天过去，巢中鲜美的果子经历风吹日晒，逐渐脱水变干，原来满满一巢的量，因而缩减许多。不明原因的雄鸠怪罪妻子："我老早就交代说，这些果子不应该吃，你怎么就是不听话呢？"

"我没有！"妻子辩驳。

"之前，果子堆了满满一巢，现在少了这么多，没有吃？那都哪里去了？"先生不相信地骂道。

"我也不知道为什么少了？"妻子继续为自己争辩。它们争吵不休，闹得不可开交，突然，雄鸠一怒之下，用嘴啄向雌鸠的头部，雌鸠竟然因此而丧命！

孤单的雄鸠，独自难过地守在巢边，忽然天降大雨，干燥的果子吸水后又盈满巢中。雄鸠心想："果子又满巢了，分明不是她吃掉的。"它对着妻子忏悔："可爱的妻子，你快快活过来吧，巢中的果子真的不是你吃的，我早该相信你，一切都是我的错，妻子，你饶恕我呀，一切都是我的过错……"

然而，一切已经来不及了……

没有宽容与理解的婚姻，就如同薄脆的饼干，轻轻一掰就会碎裂。两个人在一起，缺不了"容"与"忍"，否则婚姻就会没有张力、没

有韧性，很容易就会被一些琐事繁情所击碎。有时候，对身边的人多一些宽容与理解，你会发现生活原来一直都很丰富、都很美好。

在加拿大魁北克山麓，有一条南北走向的山谷，山谷没有什么特别之处，却有一个独特的景观：西坡长满了松柏、女贞等大大小小的树，东坡却如精心遴选过了的一般——只有雪松。这一奇景异观曾经吸引不少人前去探究其中的奥秘，但却一直无人能够揭开谜底。

1983年冬，一对婚姻濒临破裂而又不乏浪漫习性的加拿大夫妇，准备作一次长途旅行，以期重新找回昔日的爱情。两人约定：如果这次旅行能让他们找到原来的感觉就继续共同生活，否则就分手。当他们来到那个山谷的时候，正巧下起了大雪。他们只好躲在帐篷里，看着漫天的大雪飞舞。不经意间，他们发现由于特殊的风向，东坡的雪总比西坡的雪下得大而密。不一会儿，雪松上就落了厚厚的一层雪。然而，每当雪落到一定程度时，雪松那富有弹性的枝丫就会向下弯曲，使雪滑落下来。就这样，反复地积雪，反复地弯曲，反复地滑落，无论雪下得多大，雪松始终完好无损。而西坡的雪下得很小，那些松柏、女贞等树上都落满了雪，可是并不多，所以也没有受到损害。

看到这种情景，妻子若有所悟，对丈夫说："东坡肯定也长过其他的树，只不过由于缺乏弹性，而被大雪压折了。"丈夫点了点头，两人似乎同时恍然大悟，旋即忘情地紧拥热吻起来。丈夫兴奋地说："我想我们可以重新在一起生活了——以前总觉得彼此给予的压力太多，觉得太累太烦，可是事实上我们是能够承受的；即使承受不了，也可以像雪松一样弯曲，这样生活就轻松多了。"

有人说，婚姻是这样一种奇怪的事物，它使得两个本来陌生的人凝聚在一起，彼此磨合着原本独具个性的棱角，可是又总会被彼此的棱角给刺伤。

或许你也见过这样的夫妻，看起来各方面都很适合，可是就因为一些生活上的小习惯而不断发生冲突，有时候甚至只是因为牙膏该从中间挤还是从尾端挤这样微不足道的小事，却有可能摧毁一桩婚姻。

烦琐的家事、日益增长的家庭开销，很大程度上会影响夫妻双方的心情。婚前的种种憧憬与婚后的现实生活相去甚远，爱情在承受着从浪漫到现实的考验，久而久之，必然会令夫妻双方感到疲惫。

物极必反，爱紧则崩

你爱他，就给他自由……

爱，是这世间最伟大、最美好、最曼妙的感情；爱，是任何一个人都不可或缺的生存因素。没有爱，世界将是一片黑暗；没有爱的滋润，人生必将充满荒芜。然而，生存在爱的世界里，又有几人能真正懂得去经营爱、呵护爱呢？

爱是一种生命，它同样需要喘息，需要空间，需要自由，需要你放手让它去飞翔。爱的红线不能绷得太紧，否则终有一天彼此会感到疲惫，而线也会随之崩断。

强和菲是大学同学，两人相恋3年，最后携手走进了婚姻的殿堂。婚后的生活开始很幸福，菲就像影子一样，一直追随在强的身旁。她

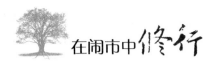

曾幸福地说："我要做他的影子，只要他需要我，随时就能找到我。"

然而出人意料的是，他们竟离婚了！强告诉朋友："其实我们彼此还深爱着对方，但是这份爱让我太过疲惫，我只能选择放手。"

当朋友问及缘由时，强回答："男人需要应酬，或多或少都要喝点酒，可是她反对，于是我就戒酒。在她面前，只要是不突破底线的事情，我从不坚持。我知道她这是为我好，我应该给予她相应的尊重，久而久之这便成了她的一种习惯，她一直左右着我的生活。或许在她看来，唯有如此才能说明她在我心中的重要。"

"于是你厌烦了，想要摆脱？"朋友问道。

"不，若是如此我们根本不可能将婚姻维持到今天。而且，这种情况下我该感到解脱才对，可为什么心中还会隐隐作痛呢？"

原来，婚后不久强去了一家外资企业，而菲去了政府部门，工作强度相差甚远，强为了赶任务经常需要加班，而菲一直很清闲。最初，菲只是抱怨，抱怨强没有时间陪她。时间久了，这种抱怨逐渐升级为猜忌。他加班回家晚，她就等着他，他不回来她绝不睡觉。他回来以后，她就趁着他洗澡的间隙去翻他的口袋、嗅他的衬衣、翻看他的手机……看看能否从中找到一些证据。他上班时，她每天都要打几个电话"关心"一下，却从不顾及他的感受。再后来，她甚至会因为朋友间的一个玩笑信息，追着他盘问半天。

时间久了，他累了，她也累了，生活、事业重重压力之下他实在疲于花费精力去解释，既然两个人在一起猜忌多过于开心，不如暂时分开让彼此冷静一下。一段时间以后，他找到她，希望两个人能够重新开始，重新找回以往的甜蜜、温馨与信任。但是，她拒绝了，她之所以拒绝不是因为不爱，而是因为无法面对，她无法面对他，更无法面对自己，她不知自己被什么迷了心窍，竟去无端猜忌一个如此深爱自己的男人。是她害得他离开，是她害得自己疲惫不堪，她不知该如何去面对这一切，所以只能选择从他的世界中消失……

你是否也曾做得有些过火，将爱禁锢在自己编织的鸟笼中，让他（她）感到无法呼吸？生活中有很多人认为，爱就是紧紧相拥，不留一点儿空隙，因为一旦有了距离，爱也就疏远了。其实爱情与人一样，需要起码的空间、氧气作为生存条件。将爱紧紧攥在手心里，爱情的一方必然会感到压力十足、会感到难以喘息，这只会逼迫他（她）去逃离。

给予爱适当的空间，松开你紧紧攥着的手，你会发现生活原来如此轻松、如此惬意。给予爱一个自由呼吸、自由舒展的空间，你会发现爱情之花开得更加娇艳。

坦然以对，洗净铅华

当一生的浮华都化作云烟，一世的恩怨都随风飘散，若能依旧两手相牵，又何惧姿容褪尽、鬓染白霜……

爱是什么？它就是平凡的生活中，不时溢出的那一缕缕幽香。

那年情人节，公司的门突然被推开，紧接着两个女孩抬着满满一篮红玫瑰走了进来。

"请茹茹小姐签收一下。"其中一个女孩礼貌地说道。

在闹市中修行

　　办公室的同事们都看傻眼了，那可是满满一篮红玫瑰，这位仁兄还真舍得花钱。正在大家发愣之际，文文打开了花篮上的录音贺卡："茹茹，愿我们的爱情如玫瑰一般绚丽夺目、地久天长——深爱你的峰。"

　　"哇塞！太幸福了！"办公室开始嘈杂起来，年轻女孩子都围着茹茹调侃，眼中露出难以掩饰的羡慕光芒。

　　年过三十的女主管看着这群丫头微笑着，眼前的景象不禁让她想起了自己的恋爱时光。

　　老公为人有些木讷，似乎并不懂得浪漫为何物，她和他恋爱的第一个情人节，别说满满一篮红玫瑰，他甚至连一枝都没有买。更可气的是，他竟然送了她一把花伞，要知道"伞"可代表着"散"的意思。她生气，索性不理他，他却很认真地表白："我之所以送你花伞，是希望自己能像这伞一样，为你遮挡一辈子的风雨！"她哭了，不是因为生气，而是因为感动。

　　诚然，若以价钱而论，一把花伞远不及一篮红玫瑰来得养眼，但在懂爱的人心中，它们拥有同样的内涵，它们同样是那般浪漫。

　　爱，不应以车、房等物质为衡量标准；在相爱的人眼中，不应有年老色衰、相貌美丑之分。爱是文君当垆沽酒的执着与洒脱，爱是孟光举案齐眉的尊重与和谐，爱是口食清粥却能品出甘甜的享受与恬然，爱是"执子之手，与子携老"的生死契阔。在懂爱的人心中，爱俨然可以超越一切的世俗纷扰。

　　爱的故事又何止千万？其中不乏欣喜、不乏悲戚；不乏圆满、不乏遗憾。那么，看过下面这个故事，不知大家从中能够领会到什么。

196

雍容华贵、仪态万千的公主爱上了一个小伙，很快，他们踩着玫瑰花铺就的红地毯步入了婚姻殿堂。故事从公主继承王位、成为权力威慑无边的女王说起。

随着岁月的流逝，女王渐渐感到自己衰老了，花容月貌慢慢褪却，不得不靠一层又一层的化妆品换回昔日的风采。"不，女王的尊严和威仪绝不能因为相貌的萎靡而减损丝毫！"女王在心中给自己下达了圣旨，同时她也对所有的臣民，包括自己的丈夫下达了近乎苛刻的规定：不准在女王没化妆的时候偷看女王的容颜。

那是一个非常迷人的清晨，和风怡荡，柳绿花红，女王的丈夫早早起床在皇家园林中散步。忽然，随着几声悦耳的啁啾鸟鸣，女王的丈夫发现树端一窝小鸟出世了。多么可爱的小鸟啊！他再也抑制不住内心的喜悦，飞跑进宫，一下子推开了女王的房门。女王刚刚起床，还没来得及洗漱，她猛然一惊，仓促间回过一张毫无粉饰的白脸。

结局不言而喻，即使是万众景仰的女王的丈夫，犯下了禁律，也必须与庶民同罪——偷看女王的真颜只有死路一条。

女王的心中充满了悲哀，她不忍心丈夫因为一时的鲁莽和疏忽而惨遭杀害，但她又绝不能容忍世界上任何一个人知道她不可告人的秘密。斩首的那一天，女王泪水涟涟地去探望丈夫，这些天以来，女王一直渴望知道一件事，错过今日，也就永远揭不开谜底了。终于，女王问道："没有化妆的我，一定又老又丑吧？"

女王的丈夫深情地望着她说："相爱这么多年，我一直企盼着你能够洗却铅华，甚至摘下皇冠，让我们的灵魂赤诚相融。现在，我终于看到了一个真实的妻子，终于可以以一个丈夫的胸怀爱她的一切美好和一切缺欠。在我的心中，我的妻子永远是美丽的，我是一个多么

幸福的丈夫啊！"

故事最后的结局呢？显然已不重要！它让我们知道，真正的爱情可以穿越外表的浮华，直达心灵深处。然而，喜爱猜忌的人们却在人与人之间设立了太多屏障，乃至于亲人、爱人之间也不能以坦然相对。除去外表的浮华，卸去心灵的伪装，才可以实现真正的人与人的融合。

第十二篇

从善如流，弃恶如遗
——莫视恶小即为之，莫以善小而不为

　　人之善恶不分轻重。一点善，只要做了，就能给人以温暖；一点恶，只要做了，也能给人以损害，而最重要的是对自己的道德品质的影响。所以，生活中的我们须谨言慎行。从一点一滴之间要求自己，做到与人为善。只有这样，我们才不至于在人生的沟沟坎坎中马失前蹄，断送我们本该美好的前途。

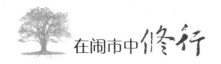

善恶一念间

善与恶在川流中是混杂的。但是，每个人都在他的生活过程中改造自己的血液。

人之善恶，犹如人之生死，是与生俱来的。

赫拉克利特说过："神就是生命和死亡；夏天和冬天；饥饿和饱足；善和恶。它一直都是两者，神就是真实的存在。"

我们每个人的本来，没有恶也没有善。善恶是孪生兄弟，是互相对立而成立的。当我们弃绝了恶时，恶的对立面善也就不复成立了。

倡导善良，只是为了让我们以最小的成本进行生活；以恶相报自然是恶恶相报成本陡然增大。奉行善心善行，其实是减少人生成本，让我们好过一些，这并非就是真理本身。

所以，禅要求我们超越于善恶这种分别心之上，直接明白我们心灵的真实情况，如此才是契入禅机的要点。

六祖慧能辞别了五祖，开始向南奔去。过了两个半月，到达大庾岭。后面追来了数百人，欲夺衣钵。有一名叫慧明的僧人，出家前是四品将军，性情粗暴，极力寻找六祖，他抢在众人前面，赶上了六祖。

六祖不得已，将衣钵放在石头上，说："这衣钵是传法的信物，怎么能凭武力来抢呢？"然后隐藏在草莽中。

慧明赶来拿，却无论如何也拿不动法衣。于是他大声喊道："行者，行者，我是为得到佛法而来，不是为此法衣而来。"

六祖就从草间出来，盘坐在石头上。慧明行礼后说："望行者能为我说说佛法。"六祖说："既然你是为了佛法而来，那你就摈弃一切俗念，不要再有任何念头，我为你说法。"

慧明静坐了良久，六祖说："不思善，不思恶，正在这个时候，哪个是明上座的本来面目？"

慧明听了，顿时大悟。

禅要求我们超越于善恶的分别心之上，直接明白我们心灵的真实情况。以无所依、无所求之心而培养善心善行，才是最好的生活状态。

当妄念太过执着时，人便舍弃了光明的那一面，而走向黑暗。其结果也必将是黑暗的。人生如过眼云烟，最终必是一切成空。为恶一生所得的所有益处都无法带走。只有以无所求之心培养善心善行，方能得到"极乐"的赠与。以无所希求之心培养善心善行，则可以无挂无碍，享受上佳的生活境界了。

诸恶莫作，众善奉行

莫轻小恶，以为无殃；滴水虽微，渐盈大器，凡罪充满，从小积成。
莫轻小善，以为无福，水滴虽微，渐盈大器，凡福充满，从纤纤积。

我们一直倡导要"诸恶莫作，众善奉行"，不管是小的过错，还是小的罪恶，但凡是负面的言行都不要让它面世。三国时刘备在白帝城临终托孤时，仍不忘谆谆告诫刘禅："勿以善小而不为，勿以恶小而为之。"刘备一世枭雄，留下的名言不多，唯有这句话流传千古，而且给后人永久的启示：奉劝人们不要因为某个坏习惯不起眼就不重视，这句话看似比较浅显，但却蕴涵着很深的哲理。它告诉我们要在日常生活中的细节上加强道德修养，以免因小失大。

白居易为官时曾去拜访鸟窠道林禅师，他看见禅师端坐在鹊巢边，于是说："禅师住在树上，太危险了！"

　　禅师回答说："太守，你的处境才非常危险！"

　　白居易听了不以为然地说："下官是当朝重要官员，有什么危险呢？"

　　禅师说："薪火相交，纵性不停，怎能说不危险呢？"意思是说官场浮沉，钩心斗角，危险就在眼前。

　　白居易似乎有些领悟，转个话题又问道："如何是佛法大意？"

　　禅师回答道："诸恶莫作，众善奉行。"

　　白居易本以为禅师会开示自己深奥的道理，没想到只是如此平常的话，便失望地说：

　　"这是三岁小孩儿也知道的道理呀！"

　　禅师说："三岁小孩儿虽道得，八十老翁却行不得。"

　　白居易被禅师一语惊醒。

　　"勿以善小而不为，勿以恶小而为之。"谁都知道这个道理，但能够做到的人却很少。

　　佛说："愚昧之人，其实亦知善业与恶业之分别，但时时以为是小恶，作之无害，却不知时时作之，积久亦成大恶。犹水之一小滴，滴下瓶中，久之，瓶亦因此一滴一滴之水而满。故虽小恶，亦不可作之，作之，则有恶满之日。"

　　有个非常有名的寓言故事，名叫"象牙筷子"，也非常有意思。商纣王刚登上王位时，命工匠用象牙为他制作筷子，他的叔父箕子十分担忧。因为他认为，一旦使用了稀有昂贵的象牙做筷子，与之相配套的杯盘碗盏就会换成用犀牛角、美玉石打磨出的精美器皿。餐具一旦换成了象牙筷子和玉石盘碗，你就千方百计地享用牛、象、豹之类的胎儿等山珍美味了。在尽情享受美味佳肴之时，你一定不会再去穿粗布缝制的衣裳，住在低矮潮湿的茅屋下，而必然会换成一套又一套的绫罗绸缎，并且住进高堂广厦之中。

　　箕子害怕演变下去，必定会带来一个悲惨的结局。所以，他从纣王一开始制作象牙筷子起，就感到莫名的恐惧。事情的发展果然不出箕子所料。仅仅只过了五年光景，纣王就穷奢极欲、荒淫无度地度日。他的王宫内，挂满了各种各样的兽肉，多得像一片肉林；厨房内添置了专门用来烤肉的铜烙；后园内酿酒后剩下的酒糟堆积如山，而盛放美酒的酒池竟大得可以划船。纣王的腐败行径苦了老百姓，更将一个国家搞得乱七八糟，最后终于被周武王剿灭而亡。

古人说"千里之堤，溃于蚁穴"，如果对小的贪欲不能及时自觉并且有效地纠正，终将因为无底的私欲酿成灾难，小则身败名裂，大则招致亡国。我们要时常依照好的准则来检点自身的言行和思想，从善如流，否则等出现不良后果再深深痛悔为时已太晚！

中国有个成语叫作"防微杜渐"，意思是在不良事物刚露头时就加以防止，杜绝其发展。这个成语的出处是有个典故的。东汉和帝即位后，窦太后专权。她的哥哥窦宪官居大将军，任用窦家兄弟为文武大臣，掌握着国家的军政大权。看到这种现象，许多大臣心里很着急，都为汉室江山捏了把汗。大臣丁鸿就是其中的一个。丁鸿很有学问，对经书极有研究，对窦太后的专权他十分气愤，决心为国除掉这一祸根。几年后，天上发生日食，丁鸿就借这个当时认为不祥的征兆，上书皇帝，指出窦家权势对于国家的危害，建议迅速改变这种现象。和帝本来早已有这种感觉和打算，于是迅速撤了窦宪的官，窦宪和他的兄弟们因此而自杀。

丁鸿在给和帝的上书中，说皇帝如果亲手整顿政治，应在事故开始萌芽时就注意防止，这样才可以消除隐患，使得国家能够长治久安。

人之善恶不分轻重。一点善是善，只要做了，就能给人以温暖。一点恶是恶，只要做了，也能给人以损害。而最重要的是对自己的道德品质的影响。所以，生活中的我们须谨言慎行。从一点一滴之间要求自己，做到与人为善。只有这样，我们才不至于在人生的沟沟坎坎中马失前蹄，断送我们本该拥有美好的前途。

普度众生，有教无类

佛法扬善弃恶，却不执着，若想达到真正的慈悲，就需要一视同仁。

佛法要求禅师度化众生，为众生解除苦难，是没有什么分别心的。无分别心的佛性中，能发起真实的菩提心，也才能产生真正的慈悲心。只度善的，和想看好的、想听好的一样，只是事物的一面，而不包括另一面，所以是不完整的，是执着心。

有这样一个故事：

有一位年轻和尚不论晴天或风雨天，不论早晨或黄昏，总是默默地站在大树下托钵化缘。尽管路口霓虹闪烁，车马喧嚣，他总是紧闭双目，纹丝不动地伫立着，他的神态与毅力，深深地令人折服。

树下常有两三个蓬头垢面、敝衣褴褛的小孩在追逐嬉戏。有一次，两个小孩竟公然窃取和尚钵里的缘金，而和尚却视若无睹。

其实，小孩的偷窃行为并非"偶然"，而是一种"习惯"。和尚的缘金竟成了他们固定的一种收入。

几天后，那位和尚仍然默默地站在那儿化缘，但旁边多了两位小沙弥。原来竟是那两个偷窃缘金的小孩。

与其惩治恶徒，不如以善缘感化。

因为善恶只不过是因缘的变化而已，没有永远的善，也没有永远的恶，都是不长久的，都会发生变化。

佛法扬善弃恶，却不执着，若想达到真正的慈悲，就需要一视同仁。

要想得到心灵的真实解脱，就要了解不分别善恶的这个佛性。

　　了解了以后，善要度，恶也要度。任何"认定"对方恶的念头已经是对对方不利了，所以也是对自己的不利。人类的争斗，有很多就是因此而起。就像武侠小说中，名门正派也出邪人邪事，旁门左道中亦有正大光明。

　　善恶都是相对立而起的，是不断变化的，在禅者眼里只不过是世人空幻的名相罢了。他那里只讲众生平等，不论贤愚。

　　不要妄加指责谁恶谁愚。在佛性中造出的一切念头，所产生的果报都得自己承受。

　　"如果有人对我们做坏事、说坏话，我们亦同样对他做坏事、说坏话，结果双方都是坏人；所以要用好的方法、好的行为、好的话去对待他，自然会叫他心服，别的人亦称赞我们。"

　　世间人是冤冤相报，佛法是以德报怨，你以怨对我，我以德对你。冤冤相报是凡夫，是造轮回业。真正觉悟之人，对于毁谤、侮辱、陷害他的人，甚至要杀害他的人，都没有丝毫怨恨心，反而更加慈悲地去爱护他、帮助他、救度他。感化一个人，就等于度化了一个人。

　　过去，有一位国王带领许多妃嫔、宫女到郊外游玩打猎。途中，国王追逐野兔走远了，妃嫔们于是在树林中等候。

　　妃嫔们看到一位修行者正在林中沉思，于是向他请教。国王回来之后，责备她们与陌生人说话。

　　"我不过是指导她们学习忍辱的精神而已。"修行者安详地回答。

　　"哈哈！你自命为忍辱的人吗？我倒要试试你的忍辱修养。"说着，国王挥剑将修行者的手臂斩断。

　　"现在，你该愤恨了吧！"国王得意地说。

　　修行者虽然痛苦，仍然和善地看着他，回答："我不愤恨。怀恨只有冤冤相报。将来我成道后，一定要来度化你，以了结这段业缘。"

　　慈悲心在他的神态中表露无遗。国王被感化了，跪在地上，深深忏悔。

一视同仁度化世人，在这个故事中可以极其明了地说明一切。无论恶人还是善人，他们的心始终会有柔软的那一部分，只要你不抛弃那个恶人，你终会感化他向善。

予无所求，善不挟私

没有任何私心杂念，完全是因为一念之善，这样的施予才是真正的慈善，无论你的施予多么微不足道，都是该得善报的。

如果真心帮助，不挟带任何杂念的布施，就是真布施；不求将来得到回报的布施，就是真布施；不对受施人存任何轻视之心的布施，就是真布施。

这里有一个施善得报的故事。

有一次，佛托着钵出去化缘，遇到两个小孩在路上玩沙子。他们看见佛，就站起来非常恭敬地行礼，其中一个孩子抓起一把沙子放在佛的钵盂里，说："我用这个供养你！"

佛说："善哉！善哉！"

另外一个孩子也抓起一把沙子放在佛的钵盂里。佛就预言，若干年后，一个是英明的帝王，一个是贤明的宰相。

百年后，一个孩子当了国王，就是历史上有名的阿育王；另一个就是他的宰相。

阿育王的一把沙子就得到了这么大的回报，很多人向寺庙里捐金捐银，什么好处也没见到。原因无他，越有所求越得不到。

这不仅是佛法，也是做人的道理！

什么是真正的慈善？一是出于至诚；二是不求回报；三是不轻

毁人家。

前面两条好理解，不轻毁人家是什么意思呢？

"轻"是轻视。因为自己处于"施主"的地位，心里难免有几分优越感，在语言神态上就可能表现出看轻对方之意。比如那个"不受嗟来之食"的典故中，有钱人搭一个棚子，好心给饥民施粥，这本是件功德事，说话却不客气，看见来了个人，就说："喂，来吃吧！"谁知那个人有骨气，不受嗟来之食，掉头而去。你瞧，本来是想帮助人家，反倒得罪了人家，还说什么"好心无好报"，太不通人情世故了嘛！

"毁"是诋毁的意思，也就是说人家的坏话。这个坏话不是当场说的，是背后说的。比如，给了别人一个帮助，生怕人家不晓得自己心眼好，马上去告诉人家："那小子现在都混成这样了，穷得连给小孩交学费的钱都没有。我看他可怜，借给他500元。"这好像是真话，怎么说是诋毁呢？因为这是揭人隐私。人在社会上，是要讲信誉的，这是一种无形资产。你让人知道了他的窘状，他的信誉马上下降，以后办事人家不放心他。所以，你借给他500元，一句话就让他损失了无形资产5000元。你这500元他还要还你，他损失的5000元找谁去要？他不找你报仇就好了，还想指望他的回报？

假如受自己帮助的人发达了，自己却原地踏步，说的话就更难听了："那小子，当初如何如何，要不是我帮他一把，他哪有今天？"这就不只是诋毁，而是诬蔑了。他发展到今天这一步，99％肯定是靠他的才能和努力，你那点帮助哪够用？不自度者，自己不努力还揭别人的短，不是诋毁是什么？人家不报复就好了，你还指望他的回报？

电影里经常出现这样的镜头：某女身出豪门，某个小人物跟她结了婚，从此步步青云。此女便以此为傲，气稍不顺，就说："你没有我，哪有今天？"最后，老公坚决要跟她离婚。这个女人就是犯了诋毁的毛病。不错，你是给了他一个机会，但运用这个机会的才能却是他自己的，没有才能有机会也白搭。他有这个才能，在别的地方也可

能找到这种机会，怎么能说没有你就没有他的今天呢！

在佛的三大布施原则中，最重要的当然是至诚之心。你不是因为他有权有势，不是因为她长得漂亮，不是因为他将来可能有出息，不是因为想炫耀自己，总之没有任何私心杂念，完全是因为一念之善，这样的施予才是真正的慈善，无论你的施予多么微不足道，都是该得善报的。

爱人者人恒爱之

"赠人玫瑰，手有余香"，付出终有回报。心无他人者，必无立锥之地，因为脱离人群，任谁也无法成就一番事业。

人与人之间应该是相互关怀、相互帮助的，任何人都不可能脱离社会而生存，当别人需要帮助时，我们应该怎么办，是漠视还是给予一些帮助？

正所谓"爱人者人恒爱之"。若是我们能够对生活充满感恩，一直持友好的态度对待他人，常怀善心，多替别人做善事，则我们的人生必定是幸福的。

从前有一位国王，他非常疼爱自己的儿子。缘于父亲的权力，这位年轻王子向来没有一件欲望不能得到满足，真可谓要风得风、要雨得雨。然而，即便如此，王子却时常紧锁眉头，面容戚戚，少现笑容于脸上。

国王对此忧心忡忡，遂下旨招募能人，声明谁能让王子得到快乐，就一定会给以重赏，要官亦可，要钱也无妨。圣旨刚一公布，便引来众多"能人"，这其中包括滑稽大师、杂技大师、博学者等，但始终没有一人能够逗得王子一笑。众人束手无策，唯有灰溜溜地一一离去。

有一天，一个大魔术家走进王宫，他对国王说："我有方法能使王子快乐，能将王子的戚容变作笑容。"国王很高兴："假使能办成这件事，你要任何赏赐，我都可以答应。"

魔术家用白色"不明物"在一张纸上涂抹几笔。随后，他将那张纸交给王子，让王子走入一间暗室，然后燃起蜡烛，看看纸上会出现什么。话一说完，魔术家便走了。

这位年轻王子依言而行。在烛光的映照下，他看见那些白色的字迹化作美丽的绿色，最后变成这样几个字——"每天为别人做一件善事！"王子遵从魔术家的劝告，很快成了全国最快乐的青年。

每天为别人做一件善事，你一定会寻找到生活的另一种意义；每天为别人做一件善事，在你向别人表达善意的同时，他们也会给予你相应的回报，你亦会因此而收获快乐，有时，甚至会得到意想不到的收获。

日已西沉，一个小男孩因为要筹够学费，而逐户做着推销，此时，筋疲力尽的他腹中一阵作响。是啊，已经一天没吃东西了！小男孩摸摸口袋——那里只有1角钱，该怎么办呢？思来想去，小男孩决定敲开一家房门，看能不能讨到一口饭吃。

开门的是一位年轻美丽的女孩子，小男孩感到非常窘迫，他不好意思说出自己的请求，临时改了口，讨要一杯水喝。女孩见他似乎很饥饿的样子，于是便拿出了一大杯牛奶。小男孩慢慢将牛奶喝下，礼貌地问道："我应该付多少钱给您？"女孩答道："不需要，你不需要付一分钱。妈妈时常教导我们，帮助别人不应该图回报。"小男孩很感动，他说："那好吧，就请接受我最真挚的感谢吧！"

走在回家的路上，小男孩感到自己浑身充满了力量，他原本是打算退学的，可是现在他似乎看到上帝正对着他微笑。

多年以后，那位女孩得了一种罕见的怪病，生命危在旦夕，当地医生无能为力。最后，她被转送到大城市，由专家进行会诊治疗。而此时此刻，当年那个小男孩已经在医学界大有名气，他就是霍华德·

凯利医生，而且也参与了医疗方案的制定。

当霍华德·凯利医生看到病人的病历资料时，一个奇怪的想法、确切地说应该是一种预感直涌心头，他直奔病房。是的！躺在病床上的女人，就是曾经帮助过自己的"恩人"，他暗下决心一定要竭尽全力治好自己的恩人。

从那以后，他对这个病人格外照顾，经过不断地努力，手术终于成功了。护士按照凯利医生的要求，将医药费通知单送到他那里，他在通知单上签了字。

而后，通知单送到女患者手中，她甚至不敢去看，她确信这可恶的病一定会让自己一贫如洗。然而，当她鼓足勇气打开通知单时，她惊呆了。只见上面写着：医药费———满杯牛奶——霍华德·凯利医生。

一念之间，种下一粒善因，他日很有可能就会收获一粒善果。我们做人，没有必要太过计较，与人为善，又何尝不是与己为善呢？当我们为人点亮一盏灯时，是不是同时也照亮了自己？当我们送人玫瑰之时，手上必然还萦绕着那缕芬芳。

在平常的日子里，给马路乞讨者一块蛋糕；为迷路者指点迷津；用心倾听失落者的诉说……这些看似平常的举动，却渗透着朴素的爱，折射着来自灵魂深处的人格光芒。

助人就是助己，这样做了，相信你一定能够体会到它的妙处。

第十二篇

返璞归真，平淡是福
——纷扰每多催华发，平平淡淡才是真

真我本性常因外物污染而迷惑，进而丧失真我，于是红尘中纷扰迭出。屏除善恶得失的相对价值观念，超越绝对便可发现本性。人只有返璞归真，恢复真我本性，才能跳出轮回的苦海。

不从外物取物，而从内心取心

尊重自己本性的人才不至于迷失自己，才能看清自己要走的路。然而，这世间有几人尊重了自己的本性？

凡法俗事的纷繁芜杂使我们渐染失于心性的杂色。每一次的呈现都多了一点修饰，每一次的语言都少了一份真实。习惯于疲惫的伪装，总以为这样就可以赢得更多，过得更好。蓦然回首，那些希冀着的，仍需希冀，那些渴盼着的，仍需渴盼。唯独改变了的是自己的本性。扪心自问："我是否在意过自己最真实的内心世界？尊重过自己的本性？"心会告诉你那个最真实的答案。有多少人曾想过改变自己，以追逐想要的一切，到头来才发现，自己不仅没有得到自己想要的，还丢了自己最初拥有的。那么，当初为什么就不能尊重自己的本性，做那个最真实的自己？也许正是因为没有彻悟。

文喜禅师去五台山朝拜。到达前，晚上在一茅屋里住宿，茅屋里住着一位老翁。文喜就问老翁："此间道场内容如何？"

老翁回答道："龙蛇混杂，凡圣交参。"

文喜接着问："住众多少？"

老翁回答："前三三、后三三。"

文喜第二天起来，茅屋不见了，只见文殊骑着狮子步入云中，文喜自悔有眼不识菩萨，空自错过。

文喜后来参访仰山禅师时开悟，安心住下来担任煮饭的工作。一天他从饭锅蒸汽上又见文殊现身，便说："文殊自文殊，文喜自文喜，今日惑乱我不得了。"

"苦瓜连根苦，甜瓜彻蒂甜，修行三大劫，却被这僧嫌。"

有时我们因总把眼光放在外界，追逐于自己所想的美好事物，常常忽视了自己的本性，在利欲的诱惑中迷失了自己。所以才终日心外求法，因此而患得患失。如果能明白自己的本性，坚守自己的心灵领地，又何至于自悔自恼呢？

诗人卞之琳写道："你站在桥上看风景，看风景的人在楼上看你。"带着妻儿到乡间散步，这当然是一道风景；带着情人在歌厅摇曳，也是一种情调；大权在握的要员静下心来，有时会羡慕那些路灯下对弈的老百姓，可是平民百姓没有一个不期盼来日能出人头地的；拖家带口的人羡慕独身的自在洒脱，独身者却又对儿女绕膝的那种天伦之乐心向往之……

皇帝有皇帝的烦恼，乞儿有乞儿的欢乐。乞儿的朱元璋变成了皇帝，皇帝的溥仪变成了平民，四季交错，风云不定。一幅曾获世界大赛金奖的漫画画出了深意：第一幅是两个鱼缸里对望的鱼，第二幅是两个鱼缸里的鱼相互跃进对方的鱼缸，第三幅和第一幅一模一样，换了鱼缸的鱼又在对望着。

我们常常会羡慕和追求别人的美丽，却忘了尊重自己的本性，稍一受外界的诱惑就可能随波逐流，事实上，每一个人都有自己独有的优点和潜力，只要你能认识到自己的这些优点，并使之充分发挥，你也必能成为某一领域的领军人物。

王羲之的伯父王导的朋友太尉郗鉴想给女儿择婿。当他知道丞相王导家的子弟个个相貌堂堂，于是请门客到王家选婿。王家子弟知道

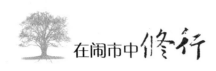

之后，一个个精心修饰，规规矩矩地坐在学堂，看似在读书，心却不知飞到哪儿去了。唯有东边书案上，有一个人与众不同，他还像平常一样很随便，聚精会神地写字，天虽不热，他却热得解开上衣，露出了肚皮，并一边写字一边无拘无束地吃馒头。当门客回去把这些情形如实告知太尉时，太尉一下子就选中了那个不拘小节的王羲之。太尉认为王羲之是一个敢坦露真性情的人。他尊重自己的本性，不会因外物的诱惑而屈从盲目，这样的人可成大器。

所以，做人没有必要总是做一个跟从者，一个旁观者，只需知道自己的本性就足可以成为一道风景。不从外物取物，而从内心取心，先树自己，再造一切，这才是你首先要做的。

世味浓，忙自至；世味淡，乐自至

简单，每每能找到生活的快乐，平凡是人生的主旋律，简单则是生活的真谛。

幸福与快乐源自内心的简约，简单使人宁静，宁静使人快乐。人心随着年龄、阅历的增长而越来越复杂，但生活其实十分简单。保持自然的生活方式，不因外在的影响而痛苦抉择，便会懂得生命简单的快乐。

一天晚上三更半夜，智通和尚突然大叫："我大悟了！我大悟了！"

他这一叫惊醒了众多僧人，连禅师也被惊动了。众人一起来到智通的房间，禅师问："你悟到什么了？居然这个时候大声吵嚷，说来听听吧! "

众僧以为他悟到了高深的佛旨, 没想到他却一本正经地说道: "我日思夜想, 终于悟出了——尼姑原来是女人做的。"

刚说完, 众僧就哄堂大笑, "这是什么大悟呀, 我们大家都知道的呀! "

但是禅师却惊异地看着智通, 说: "是的, 你真的悟到了! "

智通和尚立刻说道: "师父, 现在我不得不告辞了, 我要下山云游去。"

众僧又是一惊, 心里都认为: 这个小和尚实在是太傲慢了, 悟到"尼姑是女人做的"这么简单的道理也没什么稀奇的, 却敢以此要求下山云游, 真是太目中无人了。竟敢对我们师父这么无礼, 可恶!

然而禅师却不这样认为, 他觉得智通到了下山云游的时候了, 于是也不挽留他, 提着斗笠, 率领众僧, 送他出寺。到了寺门外, 智通和尚接过了禅师给他的斗笠, 大步离去, 再也没有任何留恋。

众僧都不解地问禅师: "他真的悟到了吗? "

禅师感叹道: "智通真是前途无量呀! 连'尼姑是女人做的'都能参透, 还有什么禅道悟不出来的呢? 虽然这是众人皆知的道理, 但是有谁能从中悟出佛理呢? 这句话从智通的嘴里说出来, 蕴涵着另一种特殊的意义——世间的事理, 一通百通啊。"

世界上的事, 无论看起来是多么复杂神秘, 其实道理都是很简单的, 关键在于是否看得透。生活本身是很简单的, 快乐也很简单, 是人们自己把它们想得复杂了, 或者人们自己太复杂了, 所以往往感受不到简单的快乐, 他们弄不懂生活的意味。

睿智的古人早就指出: "世味浓, 不求忙而忙自至。"所谓"世

味"，就是尘世生活中为许多人所追求的舒适的物质享受、为人欣羡的社会地位、显赫的名声，等等。今日的某些人追求的"时髦"，也是一种"世味"，其中的内涵说穿了，也不离物质享受和对"上层人"社会地位的尊崇。

可怜的某些人在电影、电视节目以及广告的强大鼓动下，"世味"一"浓"再"浓"，疯狂地紧跟时髦生活，结果"不知不觉地陷入了金融麻烦中"。尽管他们也在努力工作，收入往往也很可观，但收入永远也赶不上层出不穷的消费产品的增多。如果不克制自己的消费欲望，不适当减弱浓烈的"世味"，他们就不会有真正的快乐生活。

某报纸曾登过一篇文章。作者感慨她的一位病逝的朋友一生为物所役，终日忙于工作、应酬，竟连孩子念几年级都不知道，留下了最大的遗憾。作者写道，这位朋友为了累积更多的财富，享受更高品质的生活，终于将健康与亲情都赔了进去。那栋尚在交付贷款的上千万元的豪宅，曾经是他最得意的成就之一。然而豪宅的气派尚未感受到，他却已离开了人间。作者问："这样汲汲营营追求身外物的人生，到底快乐何在？"

这位朋友显然也是属"世味浓"的一族，如果他能把"世味"看淡一些，像陈美玲那样"住在恰到好处的房子里，没有一身沉重的经济负担，周末休息的时候，还可以一家大小外出旅游，赏花品草……"这岂不是惬意的生活？

陈美玲写道："'生活简单，没有负担'，这是一句电视广告词，但用在人的一生当中却再贴切不过了。与其困在财富、地位与成就的迷惘里，还不如过着简单的生活，舒展身心，享受用金钱也买不到的满足来得快乐。"

简单的生活是快乐的源头，它为我们省去了欲求不得满足的烦恼，又为我们开阔了身心解放的快乐空间！

简单就是剔除生活中繁复的杂念、拒绝杂事的纷扰；简单也是一种专注，叫作"好雪片片，不落别处"。生活中经常听一些人感叹烦恼多多，到处充满着不如意；也经常听到一些人总是抱怨无聊，时光难以打发。其实，生活是简单而又丰富多彩的，痛苦、无聊的是人们自己而已，跟生活本身无关；所以是否快乐、是否充实就看你怎样看待生活、挖掘生活。如果觉得痛苦、无聊、人生没有意思，那是因为你不懂快乐的真谛！

快乐是简单的，它是一种自酿的美酒，是自己酿给自己品尝的；它是一种心灵的状态，是要用心去体会的。简单地活着，快乐地活着，你会发现快乐原来就是："众里寻他千百度，蓦然回首，那人却在灯火阑珊处。"

简单的生活，快乐的源头，为我们省去了汲汲于外物的烦恼，又为我们开阔了身心解放的快乐空间。"简单生活"并不是要你放弃追求，放弃劳作，而是要我们抓住生活、工作中的本质及重心，以四两拨千斤的方式，去掉世俗浮华的琐务。

欲寡精神爽，思多血气衰

俗事本多，你又何苦让自己背负更多？为心灵做一次扫除，卸下负累，在人生路上你就会走得更快，就能尽早地接触到生命的真意。

当你发现自己被四面八方的各种琐事捆绑得动弹不得的时候，难

道你不想知道是谁造成今天这个局面的吗？是谁让你昏睡不已？答案很明确——是你自己，不是别人。昏睡中忙碌着的你我，必须学会割舍，才能清醒地活着，也才能享受更大的自由。

大家都有这样的体验：从早到晚忙忙碌碌，没有一点空闲，但当你仔细回想一下，又觉得自己这一天并没有做什么事。这是因为我们花了很多时间在一些无谓的小事上，泛滥的忙碌只会让我们失去自由。

某杂志曾经报道过一则封面故事"昏睡的美国人"，大概的意思是说：很多美国人都很难体会"完全清醒"是一种什么样的感觉。因为他们不是忙得没有空闲，就是有太多做不完的事。

美国人终年"昏睡不已"，听起来有点不可思议。不过，这并不是好玩的笑话，这是极为严肃的话题。

仔细想一想，你一年之中是不是也像美国人一样，没多少时间是"清醒"的？每天又忙又赶，熬夜、加班、开会，还有那些没完没了的家务，几乎占据了你所有的时间。有多少次，你可以从容地和家人一起吃顿晚饭？有多少个夜晚，你可以不担心明天的业务报告，安安稳稳地睡个好觉？应接不暇的杂务明显成为日益艰巨的挑战。许多人整日行色匆匆，疲惫不堪。放眼四周，"我好忙"似乎成为一般人共同的口头禅，忙是正常，不忙是不正常。试问，还有能在行程表上挤出空档的人吗？

奇怪的是，尽管大多数人都已经忙昏了，每天为了"该选择做什么"而无所适从，但绝大多数的人还是认为自己"不够"。这是经常听见的说法，"我如果有更多的时间就好了"、"我如果能赚更多的钱就好了"，好像很少听到有人说："我已经够了，我想要的更少！"

事实上，太多选择的结果，往往是变成无可选择。即使是芝麻绿豆大的事，都在拼命消耗人们的精力。根据一份调查，有50%的美国人承认，每天为了选择医生、旅游地点、该穿什么衣服而伤透脑筋。

如果你的生活也不自觉地陷入这种境地，你该怎么办？以下有三种选择：第一，面面俱到。对每一件事都采取行动，直到把自己累死为止。第二，重新整理。改变事情的先后顺序，重要的先做，不重要的以后再说。第三，丢弃。你会发现，丢掉的某些东西，其实是你一辈子都不会再需要的。

天空广阔能盛下无数的飞鸟和云，海湖广阔能盛下无数的游鱼和水草，可人并没有天空开阔的视野也没有湖海广阔的胸襟，要想能有足够轻松自由的空间，就得抛去琐碎的繁杂之物，比如无意义的烦恼、多余的忧愁、虚情假意的阿谀、假模假式的奉承……如果把人生比作一座花园，这些东西就是无用的杂草，我们要学会将这些杂草铲除。

弘一法师出家前的头一天晚上，与自己的学生话别。学生们对老师能割舍一切遁入空门既敬仰又觉得难以理解，一位学生问："老师为何而出家？"

法师淡淡答道："无所为。"

学生进而问道："忍抛骨肉乎？"

法师给出了这样的回答："人世无常，如暴病而死，欲不抛又安可得？"

世上人都深知"放下"的重要性。可是真能做到的，能有几人？如弘一法师这般放下令人艳羡的社会地位与大好前途、离别妻子骨肉的，可谓少之又少。

"放下"二字，诸多禅味。我们生活在世界上，被诸多事情拖累，事业、爱情、金钱、子女、财产、学业……这些东西看起来都那么重

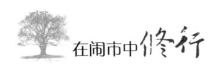

要，一个也不可放下。要知道，什么都想得到的人，最终可能会为物所累，导致一无所有。只有懂得放弃的人，才能达到人生至高的境界。

当我们面临选择时，必须学会放弃。弘一法师为了更高的人生追求，毅然决然地放下了一切。丰子恺在谈到弘一法师为何出家时做了如下分析："我以为人的生活可以分作三层：一是物质生活，二是精神生活，三是灵魂生活。物质生活就是衣食；精神生活就是学术文艺；灵魂生活就是宗教——'人生'就是这样一座三层楼。懒得（或无力）走楼梯的，就住在第一层，即把物质生活弄得很好，锦衣玉食、尊荣富贵、孝子慈孙，这样就满足了——这也是一种人生观，抱这样的人生观的人在世间占大多数。其次，高兴（或有力）走楼梯的，就爬上二层楼去玩玩，或者久居在这里头——这就是专心学术文艺的人，这样的人在世间也很多，即所谓'知识分子'、'学者'、'艺术家'。还有一种人，'人生欲'很强，脚力大，对二层楼还不满足，就再走楼梯，爬上三层楼去——这就是宗教徒了。他们做人很认真，满足了'物质欲'还不够，满足了'精神欲'还不够，必须探求人生的究竟；他们以为财产子孙都是身外之物，学术文艺都是暂时的美景，连自己的身体都是虚幻的存在；他们不肯做本能的奴隶，必须追究灵魂的来源、宇宙的根本，这才能满足他们的'人生欲'，这就是宗教徒……我们的弘一大师，是一层层地走上去的……故我对于弘一大师的由艺术升华到宗教，一向认为当然，毫不足怪。"

丰子恺认为，弘一法师为了探知人生的究竟、登上灵魂生活的层楼，把财产子孙都当作身外物，轻轻放下，轻装前行。这是一种气魄，是凡夫俗子难以领会的情怀。我们每个人都是背着行囊在人生路上行走，负累的东西少，走得快，就能尽早接触到生命的真意。遗憾的是，我们想要的东西太多太多了，自身无法摆脱的负累还不够，还要给自己增添莫名的烦忧。

平淡方知真味

生命是一种轮回。人生之旅，去日不远，来日无多，权与势、名与利……统统都是过眼烟云，只有淡泊才是人生的永恒。

生活需要简单来沉淀。跳出忙碌的圈子，丢掉过高的期望，走进自己的内心，认真地体验生活、享受生活，你会发现生活原本就是简单而富有乐趣的。简单生活不是忙碌的生活，也不是贫乏的生活，它只是一种不让自己迷失的方法，你可以因此抛弃那些纷繁而无意义的生活，全身心投入你的生活，体验生命的激情和至高境界。

老赵和他的妻子小陈原来同在一家国有单位供职，夫妻双方都有一份稳定的收入。每逢节假日，夫妻俩都会带着 5 岁的女儿小燕去游乐园打球，或者到博物馆去看展览，一家三口其乐融融。后来，经人介绍，老赵跳槽去了一家外企公司，不久，在丈夫的动员下，小陈也离职去了一家外资企业。

凭着出色的业绩，老赵和小陈都成了各自公司的骨干力量。夫妻俩白天拼命工作，有时忙不过来还要把工作带回家。5 岁的女儿只能被送到寄宿制幼儿园里。小陈觉得自从自己和丈夫跳到体面又风光的外企之后，这个家就有点旅店的味道了。孩子一个星期回来一次，有

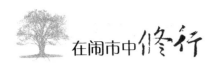

时她要出差，就很难与孩子相见。不知不觉中，孩子幼儿园毕业了，在毕业典礼上，她看到自己的女儿表演节目，竟然有点不认得这个懂事却可怜的孩子。孩子跟着老师学习了那么多，可是在亲情的花园里，她却像孤独的小花。频繁的加班侵占了周末陪女儿的时间，以至于平时最疼爱的女儿在自己的眼中也显得有点陌生了。这一切都让小陈陷入了一种迷惘和不安当中。

你是否和小陈一样经常发现自己莫名其妙地陷入一种不安之中，而找不出合理的理由。面对生活，我们的内心会发出微弱的呼唤，只有躲开外在的嘈杂喧闹，静静聆听并听从它，你才会做出正确的选择，否则，你将在匆忙喧闹的生活中迷失，找不到真正的自我。

一些过高的期望其实并不能给你带来快乐，但却一直左右着我们的生活：拥有宽敞豪华的寓所；幸福的婚姻；让孩子享受最好的教育，成为最有出息的人；努力工作以争取更高的社会地位；能买高档商品，穿名贵的时装；跟上流行的大潮，永不落伍。要想过一种简单的生活，改变这些过高期望是很重要的。富裕奢华的生活需要付出巨大的代价，而且并不能相应地给人带来幸福。如果我们降低对物质的需求，改变这种奢华的生活时装，我们将节省更多的时间充实自己。清闲的生活将让人更加自信果敢，珍视人与人之间的情感，提高生活质量。幸福、快乐、轻松是简单生活追求的目标。这样的生活更能让人认识到生命的真谛所在。

一个夏天的夜晚，小和尚对师父说："我如何才能让自己的慧心常驻不灭？"师父微微一笑，反问道："你认为呢？"小和尚摇摇头。师父站起来对他说："你随我来。"于是，小和尚便随师父到了寺院的园子里。师父站定，盯着一株待开的昙花，小和尚也默默地注视着，过了一会儿，只听那昙花噼噼啪啪的，没有几分钟就将自己的美丽一展无遗。而其他的花，却几乎看不到那开放时的样子。到了清晨，昙花那惊艳的美渐渐消逝，而其他的花却在太阳的抚慰下，依然默默地展现着自己的美。小和尚一下子明白了师父的用意。知道了安守平淡的可贵。

发生在人与人之间的爱情也是如此。

有一种爱情像烈火般的燃烧，刹那间放射出的绚丽光芒，能将两颗心迅速融化；也有一种爱情像春天的细雨，悄无声息地滋润着对方的心灵。前者激烈却短暂，后者平淡却长久。其实，生活的常态是平淡中透着幸福，爱情归于平淡后的生活虽然朴实但很温馨。

爱不在于瞬间的悸动，而在于共同的感动与守候。

有一对中年夫妇，是朝九晚五的上班一族。每天早上，先生都扛着自行车下楼，妻子拿着包，一手拿一个男式公文包，一手挎个女式包。走出楼梯口以后，先生放定了自行车，接过妻子手中的两个包，把它们放在车筐里，然后再仔细地调试一下车铃、刹车，再回头让妻子在车后座坐稳了，最后才跨上车用力一蹬，车子载着他们平稳地向前驶去。

先生从来都不会忘记回过头关照一下他的妻子，只见她如小公主一般幸福地坐在车后座上，双手优雅地搂着丈夫的腰，脸上洋溢着满足。先生举手投足间则透着对妻子的关爱，而妻子满脸的幸福也是对丈夫最好的报答。

几十年来，无数个朝朝暮暮，他们都是这么平静地生活着。岁月在他们脸上毫不留情地刻下了皱纹，然而他们的心却依然年轻，仿佛还是热恋中的少男少女。骑着自行车的男人对妻子的爱虽然谈不上奢

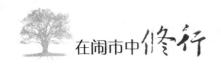

侈，但却是最朴实、最真切、最贴心的，它细微而持久，有如三月春雨沥沥地轻洒在妻子的心田。

这就是地老天荒的爱情，不必刻意追求什么轰轰烈烈的感觉；生活的点滴之中，就有一种"执子之手，与子偕老"的默契。细水长流的爱情，像春风拂过，轻轻柔柔，一派和煦，让人沉醉入迷。

耀眼的烟花很美，可那瞬间的绽放之后，就不再留存任何开放的痕迹。平淡之中的况味才值得细细体味。因为那才是生活真实的滋味。

享受坦然，追逐自然

有话云：饥来吃饭，困来即眠，便是禅了。

天气晴朗时，是享受阳光的最好时刻。让自己时刻都处在好心情之中，不要总是强迫自己去想那些烦闷的事情，这样你就会拥有快乐的生活。

江南初春常有一段阴雨连绵的天气，很冷、很潮湿，这种天气通常会让人觉得沮丧，提不起兴趣。

但是，有一天早上，天气突然转晴了。虽然还有一些湿润的感觉，但空气很清新，而且很暖和，你简直无法想象还会有比这更好的天气。

悦净大师喜欢这样的天气，觉得它总是让人产生各种各样的遐想，而且会让人对生命充满信心。

站在阳光明媚的街道上，悦净大师静静地看着来往的人群，内心平静，但有一丝不易察觉的快乐在心底洋溢。

这时，一个年约50岁的男人从远处走来，臂弯里夹着皱皱的雨衣。当男人走近时，悦净大师快乐地向他打招呼："阿弥陀佛！今天天气很不错，对吗？"

然而，这个男人的回答却出乎悦净大师的意料，他几乎是极为厌恶地对悦净大师说："是的，天气是不错。但是在这样的天气里，你简直不知道该穿什么衣服才合适！"

悦净大师不知道该如何回答他，只是看着他很快地离开了。

或许生活中有很多不尽如人意的地方，但抱怨又能解决什么？莫不如放平心态，去享受生活给予我们的一切，你会发现，原来"天气"一直不错。

很多时候，我们总是觉得生活亏待了自己，所以总是对生活怀有很大的怨气。这些怨气发泄出来的时候，又会殃及到我们身边的人，于是很多无缘无故的争吵，破坏了我们生活的和谐。

有两个有着亚洲血统的人，后来都被来自欧洲的外交官家庭所收养。两个人都上过世界各地有名的学校，但他们两个人之间存在着不小的差别：其中一位是40岁出头的成功商人，他实际上已经可以退休享受人生了；而另一个是学校教师，收入低，并且一直觉得自己很失败。

有一天，他们一起去吃晚饭。晚餐在烛光映照中开场了，他们开始谈论在异国他乡的趣闻轶事。随着话题的一步步展开，那位学校教师开始越来越多地讲述自己的不幸：她是一个如何可怜的孤儿，又如何被欧洲来的父母领养到遥远的瑞士，她觉得自己是如何的孤独。

开始的时候，大家都表现出同情。随着她的怨气越来越重，那位商人变得越来越不耐烦，终于忍不住制止了她的叙述："够了，你一直在

讲自己有多么不幸，你有没有想过如果当初你的养父母在成百上千个孤儿中挑了别人又会怎样？"学校教师直视着商人说："你不知道，我不开心的根源在于……"然后接着描述她所遭遇的不公正待遇。

最终，商人朋友说："我不敢相信你还在这么想！我记得自己25岁的时候无法忍受周围的世界，我恨周围的每一件事，我恨周围的每一个人，好像所有的人都在和我作对似的。我很伤心无奈，也很沮丧。我那时的想法和你现在的想法一样，我们都有足够的理由抱怨。"他越说越激动，"我劝你不要再这样对待自己了！想一想你有多幸运，实际上你接受了非常好的教育。你负有帮助别人脱离贫困漩涡的责任，而不是找一堆自怨自艾的借口把自己围起来。在我摆脱了顾影自怜，同时意识到自己究竟有多幸运之后，我才获得了现在的成功！"

那位教师深受震动。这是第一次有人否定她的想法，打断了她的凄苦回忆，而这一切回忆曾是多么容易引起他人的同情。

商人朋友很清楚地说明他二人在同样的环境下历经挣扎，而不同的是他通过清醒的自我选择，让自己看到了有利的方面，而不是不利的阴影，"凡墙都是门"，即使你面前的墙将你封堵得密不透风，你也依然可以把它视作你的一种出路。

琐碎的日常生活中，每天都会有很多事情发生，如果你一直沉溺在已经发生的事情中，不停地抱怨，不断地自责，这样下去，你的心境就会越来越沮丧。一直只懂得抱怨的人，注定会活在迷离混沌的状态中，看不见前头亮着一片明朗的人生天空。

有时候，人生就是这样的，你坦然面对，却突然发现：天没放晴，是因为雨没下透，下透了，自然就晴了。所以要学会控制自己的情绪，跟家人和朋友一起，享受坦然的生活，追逐自然的幸福。

第十四篇

去苦存乐，悠然自得
——若无闲事心头挂，便是人间好时节

《王竹语读书笔记》中写道："忍耐痛苦比寻死更需要勇气。在绝望中多坚持一下下，终必带来喜悦。上帝不会给你不能承受的痛苦，所有的苦都可以忍。"是的，人只要能自得其乐，便可以苦中取乐，若懂得苦中取乐，则必然会苦尽甘来。

苦乐同根生

没有丑就无所谓美，没有苦就无所谓乐，细品世间滋味，苦过痛过之后才能得知即使是平淡也有一丝甘甜可尝。

苦乐是相对成立的。我们只有在深刻体会到某种失落的痛苦之后，才会感觉到真实的快乐。

有一位一国首富，论财富，无人能及，然而，他这个在别人眼里最幸福的人却总觉得生活毫无快乐可言。于是，他将所有的贵重物品各样东西都装入一个大袋子里，去寻找快乐。

他从一个国家游历到另一个国家，但是没有人能够给他——即使只是一瞬的快乐。

他到了一个村子，一位村民告诉他："有个禅师就坐在村中心的一棵树下。你去他那里，如果他没有办法让你得到快乐，那么你就放弃吧！即使去到天涯海角，也没有人能让你得到快乐。"

富人非常激动，他迫不及待地跑到禅师那里，请求禅师让他得到快乐。并且说："我赚来的钱都在这个袋子里。如果你能让我得到快乐，我就把这些东西给你。"

禅师没有回答他，而是忽然从他手中抢了袋子就跑。富人又哭又叫地尾随着他。因为禅师对村子里的大街小巷很熟，所以没跑几圈，富人就被禅师甩掉了。

富人简直疯了。他哭喊着："我一生的财富都被劫走了，我变成一个穷人了！我变成一个乞丐了！"他哭得死去活来。

最后，那富人万般无奈地回到禅师刚才坐的那个地方。却发现袋子早已在原地了，富人见到了袋子，赶紧进行检查——什么也不缺！他松了一大口气，一屁股坐在那个袋子上，喜极而泣。

禅师转过来看着他说："先生，你现在快乐吗？你是不是已经得到了？"

富人终于醒悟过来，然后高兴地说："多谢禅师指点。"

在寻求快乐的过程中，由苦乐对比产生的落差而感觉快乐，难道这不是快乐吗？当然这是一种快乐，但这种快乐本质上是一种假相的快乐！为什么呢？

假若这些快乐本质上是真正的快乐，那么就该像储蓄存折一样，数字总是存款而非罚款；然而寻求丰足的人生努力过程中，很多时候却像在提款缴罚单一样。因此，没钱缴罚单的时候固然是苦，纵然有钱缴罚单也不是快乐的，因为两者都是惩罚的缘故。

然而为什么有时我们会感觉到有钱缴罚单是一种快乐呢？而且似乎它就是一种感受上很真实的快乐呢？是的，两种痛苦相比之下，如果落差够大，就像由大苦反衬小苦，小苦反而成为快乐一样，就像罚10万块改成罚10块钱，这种反差呈现出来的快乐是很巨大的。

然而惩罚终究是惩罚，本质上不会变成奖赏。所以，如果一直滞留在所谓的"趋乐避苦"上，而看不透苦乐的相对性、本质虚幻的真相，这就意味着无法真正快乐。

只有我们了解满足欲望的快乐永远是虚妄的，我们才有希望进入清净涅槃的大乐，达到生命的真实超越。

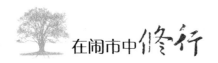

若无闲事心头挂，便是人间好时节

假如我们能够适时地将心中的那些烦心琐事抛开，解放迷茫的内心世界，就能找回在生活中迷失的自我。

在《坛经》中，慧能禅师曾一语道破"风动"与"幡动"的本质皆为"心动"。内心空明、不被外界所扰，这是坐禅者应该达到的基本境界，也是人们行事处世的快乐之本。

佛眼禅师曾做过一首名为《无题》的诗偈，正好诠释了慧能禅师的意思——

春有百花秋有月，夏有凉风冬有雪。

若无闲事挂心头，便是人间好时节。

此诗偈的首两句描写大自然的景致：春花秋月，夏风冬雪，皆是人间胜景，令人赏心悦目，心旷神怡。然而禅师将话锋一转又说，世间偏偏有人不能欣赏当下拥有的美好，而是怨春悲秋，厌夏畏冬，或者是夏天里渴望冬日的白雪，而在冬日里又向往夏天的丽日，永无顺心遂意的时候。这是因为总有"闲事挂心头"，纠缠于琐碎的尘事，从而迷失了自我。只要放下一切，欣赏四季独具的情趣和韵味，用敏锐的心去感悟体会，不让烦恼和成见梗在心头，便随时随地可以体悟到"人间好时节"的佳境禅趣。

一个无名僧人，苦苦寻觅开悟之道却一无所得。这天他路过酒楼,鞋带开了。就在他整理鞋带的时候,偶然听到楼上歌女吟唱道:"你既无心我也休……"刹那之间恍然大悟。于是和尚自称"歌楼和尚"。

"你既无心我也休",在歌女唱来不过是失意恋人无奈的安慰:你既然对我没有感情,我也就从此不再挂念。虽然唱者无心,但是无妨听者有意。在求道多年未果的和尚听来,"你既无心我也休"却别有滋味。在他看来,所谓"你"意味着无可奈何的内心烦恼,看似汹涌澎湃,实际上却是虚幻不实,根本就是"无心"。既然烦恼是虚幻,那么为何还去寻找去除烦恼的方法呢?

只要我们正在经历生活,就免不了会有一些事情占据藏在心间挥之不去,让我们吃不下、睡不着,然而这些事情却并非那些重要而让我们非装着不可的事情,只是我们庸人自扰罢了。

有一位成功的商人,虽然赚了几百万美元,但他似乎从来不曾轻松过。

他下班回到家里,刚刚踏入餐厅中。餐厅中的家具都是胡桃木做的,十分华丽,有一张大餐桌和六把椅子,但他根本没去注意它们。他在餐桌前坐下来,但心情十分烦躁不安,于是他又站了起来,在房间里走来走去。他心不在焉地敲敲桌面,差点被椅子绊倒。

他的妻子这时候走了进来,在餐桌前坐下。他说声你好,一面用手敲桌面,直到一个仆人把晚餐端上来为止。他很快地把东西一一吞下,他的两只手就像两把铲子,不断把眼前的晚餐一一铲进口中。

吃过晚餐,他立刻起身走进起居室去。起居室装饰得富丽堂皇,意大利真皮大沙发,地板铺着土耳其的手织地毯,墙上挂着名画。他把自己投进一把椅子中,几乎在同一时刻拿起一份报纸。他匆忙地翻

了几页，急急瞄了瞄大字标题，然后，把报纸丢到地上，拿起一支雪茄。他一口咬掉雪茄的头部，点燃后吸了两口，便把它放到烟灰缸去了。

他不知道自己该干些什么。他突然跳了起来，走到电视机前，打开电视机。等到画面出现时，又很不耐烦地把它关掉。他大步走到客厅的衣架前，抓起他的帽子和外衣，走到屋外散步。他持续这样的动作已有好几百次了。他在事业上虽然十分成功，但却一直未学会如何放松自己。他是位紧张的生意人，并且常常放不下公司里的那些琐碎事情。他没有经济上的问题，他的家是室内装饰师的梦想，他拥有四部汽车，但他却无法放松自己。为了争取成功与地位，他已经付出了自己全部的时间去获取物质上的丰富，然而，在他拼命工作、拼命赚钱的过程中，却迷失了自己。

过分地投入生活，就会受到来自于诸多方面烦恼的干扰，常常令我们身心疲惫、痛苦不堪，然而心病还需心药医，只有我们从内心摆脱这些烦恼的束缚、将它们全部抛开，才能让心灵得到真正的轻松。

观照己心，切莫苛求

观照己心，切莫苛求。若是总为外物的求之不得而苦恼，那你永远都不会心生快乐。

一日，无悔禅师正在院子里锄草，迎面走来三位信徒，向他施礼，说道："人们都说佛教能够解除人生的痛苦，可是我们信佛这么多年，却并不觉得快乐，这是怎么回事呢？"

无悔禅师放下锄头，安详地看着他们说："想快乐并不难，首先要弄明白为什么活着！"

三位信徒你看看我，我看看你，都没料到无悔禅师会向他们提出这样的问题。

过了片刻，甲说："人总不能死吧！死亡太可怕了，所以人要活着。"

乙说："我现在拼命地劳动，就是为了老的时候能够享受到粮食满仓、子孙满堂的天伦之乐。"

丙说："我可没你那么高的奢望。我必须活着，否则我一家老小靠谁养活呢？"

无悔禅师笑着说："怪不得你们得不到快乐，原来你们想到的只是死亡、年老、被迫劳动，而不是理想、信念和责任。没有理想、信念和责任的生活当然是很疲劳、很累的，不会觉得幸福，当然也不会觉得快乐了。"

信徒们不以为然地说："理想、信念和责任，说说倒是很容易，但总不能当饭吃吧！"

无悔禅师说："那你们说，有了什么才能快乐呢？"

甲说："有了名誉就有了一切，我就会觉得很快乐。"

乙说："我觉得有了爱情，才会有快乐。"

丙说："金钱才是最重要的，有了它我就什么都不愁了。"

无悔禅师说："那我提个问题：为什么有人有了名誉却很烦恼，有了爱情却很痛苦，有了金钱却更忧虑呢？"信徒们无言以对。

　　无悔禅师接着说："理想、信念和责任并不是空洞的，而是体现在人们每时每刻的生活中。必须改变对生活的观念、态度，生活本身才能有所变化。说到底，快乐是要靠我们自己去寻找的。"

　　听完无悔禅师的话，三位信徒从此明白了快乐之道。

　　其实，快乐与不快乐完全取决于我们对于生活和人生的态度。有一则小幽默说，同样一个甜甜圈，在有些人眼中，因为它是甜甜圈，所以会觉得可口、所以感觉很开心；而在另外一些人眼中，因为它中间缺了一个洞，就会觉得遗憾而变得不开心。所以，快乐与不快乐完全是由我们自己决定的，而真正的快乐是从心底流出的。

　　据说，终南山出产一种快乐藤。凡是得到此藤的人，一定会喜形于色，笑逐颜开，不知道烦恼为何物。曾经有一个人，为了得到无尽的快乐，不惜跋山涉水，去找这种藤。他历尽千辛万苦，终于来到了终南山。可是，他虽然得到了这种藤，可仍然觉得不快乐。

　　这天晚上，他到山下的一位老人家里借宿，面对皎洁的月光，不由得长吁短叹。

　　他问老人："为什么我已经得到了快乐藤，却仍然不快乐呢？"

　　老人一听乐了，说："其实，快乐藤并非终南山才有，而是人人心中都有，只要你心里充满欢乐，无论天涯海角，都能够得到快乐。心就是快乐的根。"

　　这人恍然大悟。

　　人生一世，草木一秋，能够快快乐乐地活一生，是每个人心中的梦想。但是怎样才能求得快乐呢？那就要清醒地认识到，快乐之道的根本就在我们自己心中。

　　人的心灵是最富足的，也是最贫乏的。不同的人之所以对生活的苦乐有着不同的感受，是因为心灵的富足和贫乏有所不同，而绝不是任何外物的客观影响。请记住，内心的快乐才是快乐之道。

乱我心者，昨日之日不可留

人生之路漫长悠远，一路走来不知有多少羁绊坎坷、悲喜忧乐。学会淡忘，去粗取随、去苦存乐，不要让阴霾笼罩你的生活。

对于过去因一时的过错而带来的不幸和挫折，我们不应耿耿于怀。《坛经》上说"改过必生智慧，护短心内非贤"，意思有两个，一个是说知错能改善莫大焉，另一个就是让人们不要总停留在过去，过去的成功也罢失败也好，都不能代表现在和未来。

唐代文学家、哲学家柳宗元对于禅学一道也颇有研究，他所作的《禅堂》一诗就暗含着深刻禅理——

万籁俱缘生，窅然喧中寂。

心境本同如，鸟飞无遗迹。

这首诗是柳宗元被贬之后所作的，前两句诗的意思是，大自然的一切声响都是由因缘而生，那么，透过因缘，能够看到本体；在喧闹中，也能够感受到静寂。后两句意思是说，心空如洞，更无一物，所以就能不被物所染，飞鸟（指外物）掠过，也不会留下痕迹。它不仅写出了被贬之后的幽独处境，而且道出了禅学对这种心境的影响。

可以说人的一生由无数的片段组成，而这些片段可以是连续的，

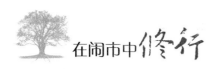

也可以是风马牛毫无关联的。说人生是连续的片段，无非是人的一生平平淡淡、无波无澜，周而复始地过着循环往复的日子；说人生是不相干的片段，因为人生的每一次经历都属于过去，在下一秒我们可以重新开始，可以忘掉过去的不幸、忘掉过去不如意的自己。

在雨果不朽的名著《悲惨世界》里，主人公冉·阿让本是一个勤劳、正直、善良的人，但穷困潦倒，度日艰难。为了不让家人挨饿，迫于无奈，他偷了一个面包，被当场抓获，判定为"贼"，锒铛入狱。

出狱后，他到处找不到工作，饱受世俗的冷落与耻笑。从此他真的成了一个贼，顺手牵羊，偷鸡摸狗。警察一直都在追踪他，想方设法要拿到他犯罪的证据，以把他再次送进监狱，他却一次又一次逃脱了。

在一个风雪交加的夜晚，他饥寒交迫，昏倒在路上，被一个好心的神父救起。神父把他带回教堂，但他却在神父睡着后，把神父房间里的所有银器席卷一空。因为他已认定自己是坏人，就应干坏事。不料，在逃跑途中，被警察逮个正着，这次可谓人赃俱获。

当警察押着冉·阿让到教堂，让神父辨认失窃物品时，冉·阿让绝望地想："完了，这一辈子只能在监狱里度过了！"谁知神父却温和地对警察说："这些银器是我送给他的。他走得太急，还有一件更名贵的银烛台忘了拿，我这就去取来！"

冉·阿让的心灵受到了巨大的震撼。警察走后，神父对冉·阿让说："过去的就让它过去，重新开始吧！"

从此，冉·阿让洗心革面，重新做人。他搬到一个新地方，努力工作，积极上进。后来，他成功了，毕生都在救济穷人，做了大量对社会有益的事情。

冉·阿让正是由于摆脱了过去的束缚，才能重新开始生活、重新定位自己。

人们也常说，"好汉不提当年勇"，同样，当年的辉煌仅能代表我们的过去，而不代表现在。面对过去的辉煌也好、失意也罢，太放在心上就会成为一种负担，容易让人形成一种思维定势，结果往往令曾经辉煌过的人不思进取，而那些曾经失败过的人依然沉沦、堕落。然而这种状态并非是一成不变的——

有一天，有位大学教授特地向著名禅师南隐问禅，南隐只是以茶相待，却不说禅。

他将茶水注入这位来客的杯子，直到杯满，还在继续注入。这位教授眼睁睁地望着茶水不停地溢出杯外，再也不能沉默下去了，终于说道："已经溢出来了，不要再倒了！"

"你就像这只杯子一样，"南隐答道，"里面装满了你自己的看法和想法。你不先把你自己的杯子空掉，叫我如何对你说禅呢？"

人生就是如此，只有把自己"茶杯中的水"倒掉，才能为人生注入新的"茶水"。

唯有淡忘，才能恬然

脑子的作用不仅仅是帮助我们记忆，而且帮助我们淡忘。

人的记忆对人本身是一种馈赠，同时也是一种惩罚，心胸宽阔的

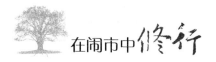

人用它来馈赠自己，心胸狭窄的人则用它来惩罚自己。

五台山很高，有师徒二人在山上修行。徒弟很小就来到山上，从未下过山。

徒弟长大后，师父带他下山化缘。由于长期离群索居，徒弟见了牛羊鸡犬都不认识。师父一一告诉徒弟："这叫牛，可以耕田；这叫马，人可以骑；这叫鸡，可以报晓；这叫狗，可以看门。"

徒弟觉得很新鲜。

这时，走来一个少女，徒弟惊问："这又是什么？"

老和尚怕他动凡心，因而正色说道："这叫老虎，人要接近她，就会被吃掉。"

徒弟答应着。

晚上他们回到寺院，师父问："徒儿，你今天在山下看到了那么多东西，现在可还有在心头想念的？"

徒弟回答："别的什么都不想，只想那吃人的老虎。"

人的本性中有一种叫作记忆的东西，美好的容易记着，不好的则更容易记着。所以大多数人都会觉得自己不是很快乐。那些觉得自己很快乐的人是因为他们恰恰把快乐的记着，而把不快乐的忘记了。这种忘记的能力就是一种宽容，一种心胸的博大。生活中，常常会有许多事让我们心里难受。那些不快的记忆常常让我们觉得如梗在喉。而且，我们越是想，越会觉得难受，那就不如选择把心放得宽阔一点，选择忘记那些不快的记忆，这是对别人，也是对自己的宽容。

拿掉别人脖子上的十字架，就是等于给自己恢复自由身，尤其是在爱情的"事故"里。

一位美国朋友带着即将读大学的孩子去欧洲旅行，因为那里留有他青春的痕迹，故地重游，很是亲切，还有一缕说不出的伤感，因为曾失却的爱，就在这里。

和儿子进入大学城内的餐厅用餐，才刚坐下，父亲即面露惊讶神色。原来，这家餐厅的老板娘，竟是当年他在此求学时追求的对象。

二十多年岁月更迭，当年的粉面桃花早已不再。父亲告诉儿子说，她是一家酒吧主人的千金，她的笑容与气质深深地吸引着他。虽然女孩父亲反对他们往来，但两颗热恋的心早已融化所有的障碍，他们决定私奔。

这位美国朋友托友人转交一封信给女孩，约定私奔的日期和去向。很遗憾，他等了一天，却没看到女孩出现，只看见满天嘲弄的星辰，怀抱琴弦，却弹奏失望。他只好带着一张毕业证书回到美国。

儿子听得如痴如醉。突然，他问父亲，当年他在信上如何注明日期。因为美国表示日期的方式是先写月份，后写日期；而欧洲是先写日期，再写月份。

父亲恍然大悟，原来自己约定的日期是 10 月 11 日，女孩却是欧洲的读法，判断为 11 月 10 日。一个月的时序误会，因而错失一段美好的姻缘。

二十多年来，他一直想用恨来冲淡想念；二十多年来，那女孩呢？她一定也在恨那个"薄情郎"。这位年近 50 岁的美国朋友，很想走过去，告诉老板娘：我们都错了，只为一个日期的误读，不为爱情。

两个对的人，却在错的时候，爱上一回。

最终，这位父亲没有站出来揭开谜底，只是默默地买单，然后轻松地回家。因为他已经在心中彻底地为一个爱情中的无辜女主角昭雪。

把相恋时的狂喜化成披着丧衣的白蝴蝶，让它在记忆里翩飞远

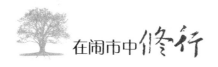

去，永不复返，净化心湖。与绝情无关——唯有淡忘，才能在大悲大喜之后炼成牵动人心的平和；唯有遗忘，才能在绚烂已极之后炼出处变不惊的恬然。

去苦存乐，悠然自得

痛苦和烦恼是噬咬心灵的魔鬼，如果你不用快乐将它们驱赶出去，必然会受其所害。当遭遇不幸之时，我们不妨多对自己说几个"幸亏"，情况一定会有所好转。

生活给予每个人的快乐大致上是没有差别的：人虽然有贫富之分，然而富人的快乐绝不比穷人多；人生有名望高低之分，然而那些名人却并不比一般人快乐到哪去。人生各有各的苦恼，各有各的快乐，只是看我们能够发现快乐，还是发现烦恼罢了。

白云禅师受到了神赞禅师《空门不肯出》的启发，而作过一首名为《蝇子透窗偈》的感悟偈。其偈是这样的——

为爱寻光纸上钻，不能透处几多难。

忽然撞着来时路，始觉平生被眼瞒。

从字面意义上看，白云禅师的这首诗偈可以这样理解：苍蝇喜欢朝光亮的地方飞。如果窗上糊了纸，虽然有光透过来，可苍蝇却左突右撞飞不出去，直至找到了当初飞进来的路，才得以飞了出去，也才明白原来是被自己的眼睛骗了。苍蝇放着洞开无碍的"来时路"不走，偏要钻糊上纸的窗户，实在是徒劳无益，白费工夫。

这首诗偈通俗易懂却又意喻深刻，诗中的"来时路"喻指每个人的生活都有值得去品味的地方，只可惜往往不加注意罢了。而"被眼瞒"一句更是深有寓意，意指人们常常被眼前一些表面的现象所欺骗，无法发现生活的真滋味。此偈选取人们常见的景象，语意双关、暗藏机锋，启迪世人不要受肉眼蒙蔽，而要用心灵去体会那些生活中，通常被人们忽略而又美丽的瞬间。

一位哲学家不小心掉进了水里，被救上岸后，他说出的第一句话是：呼吸空气是一件多么幸福的事情。空气，我们看不到，日常生活中也很少意识到，但失去了它，你才发现，它对我们是多么重要。据说后来那位哲学家活了整整一百岁，临终前，他微笑着、平静地重复那句话："呼吸是一件幸福的事。"言外之意，活着是一件幸福的事。

生活中的快乐无处不在，重点在于如何去体会，倘若用心体会便不难感受。生活的幸福是对生命的热情，为自己的快乐而存在，在那些看似无法逾越的苦难面前，依然能够仰望苍穹，快乐便会永远伴随左右。

某人是个十足的乐天派，同事、朋友几乎没见他发过愁。大家对此大感不解，若以家境、工作来论，他都算不上好，为什么却总是一脸的快乐呢？

一位同事按捺不住好奇，问道："如果你丢失了所有朋友，你还会快乐吗？"

"当然，幸亏我丢失的是朋友，而不是我自己。"

"那么，假如你妻子病了，你还会快乐吗？"

"当然，幸亏她只是生病，不是离我而去。"

"再假设她要离你而去呢？"

"我会告诉自己，幸亏只有一个老婆，而不是多个。"

同事大笑："如果你遇到强盗，还被打了一顿，你还笑得出来吗？"

"当然，幸亏只是打我一顿，而没有杀我。"

"如果理发师不小心刮掉了你的眉毛？……"

"我会很庆幸，幸亏我是在理发，而不是在做手术。"

同事不再发问，因为他已经找到该人快乐的根源——他一直在用"幸亏"驱赶烦恼。

乐观的人无论遭遇何种困难，总是会为自己找到快乐的理由，在他们看来，没什么事情值得自己悲伤凄戚，因为还有比这更糟的，至少"我"不是最倒霉的那一个。相反，悲观的人则显得极度脆弱，哪怕是芝麻绿豆大的小事，也会令他们长吁短叹，怨天尤人，所以他们很难品尝到快乐的滋味。

其实，任何事情，有其糟糕的一面，就必有其值得庆幸的一面，如果你能将目光放在"好"的一面上，那么，无论遇到何种困难，你都能够坦然面对。

只要你愿意，你就会在生活中发现和找到快乐——痛苦往往是不请自来，而快乐和幸福往往需要人们去发现、去寻找。

很显然，如果我们不能用心去体会生活中的那部分快乐，同样，如果缺乏珍惜之心也很难意识到快乐的所在，有时甚至连正在历经的快乐都会失去。正如一位哲学家曾说过的：快乐就像一个被一群孩子追逐的足球，当他们追上它时，却又一脚将它踢到更远的地方，然后再拼命地奔跑、寻觅。

人们都追求快乐，但快乐不是靠一些表面的形式来获得或者判定的，快乐其实来源于每个人的心底。

生活中的情趣是靠心灵去体会的。去掉繁杂，我们的心会更简单，得到更多的快乐。生命短暂，找到自己的快乐才是本质，用心去体会生活，你做得到吗？